JN015960

土を編む日々

寿木けい

集英社

はじめに

すべての菜のおかず

食材の旬が分からない。たとえ分かったとしても、どう料理すればいいのか自信がない。いっぱしの暮らしを立てている友人がこう言うのを、これまで何度も聞いてきました。

街へ出れば、春の居酒屋にはそら豆や山菜の天ぷらが並びます。とうもろこしや茄子へと季節は進み、秋の声を聞く頃には、店先に〈新蕎麦〉の文字を見つけます。もうそんな季節かと思いを馳せても、いざ台所に取り入れようとすると、難しい。ほかにやらなくてはならないことが多すぎるのです。

かたやＳＮＳには、おいしいもの好きによる投稿が溢れています。ビットで描かれた雄弁な旬を、まず視覚で消費するのが、今という時代なのでしょう。冒頭の友人の言葉は、時が指の間をこぼれ落ちていくような切なさと、ひとつであるように思います。

私は富山県砺波市で五人姉妹の末子として産まれました。立山連峰を背景に雄大な砺波平野を有する米どころで、親戚はみな農業で生計を立てていました。次こそは男の子をという期待に反して産まれた私は、だからこそ干渉もされず、十八で飄々と東京に出てきたのです。

進学や就職、出産を含む人生の大半を東京で暮らしていますから、思い出の量も濃さも、富山を圧倒しているはずです。しかし、幼少期の記憶というのは不思議なもので、年を重ねるにつれ、はっきりと姿を現し、出自を突きつけてくるようなところがあります。

小学校の通学路、残雪の合間からふきのとうが顔を出していたこと。それを味噌汁に入れ、煮えばなに立ち上った香り。長い冬を越すために蓄えられたいもやかぼちゃの、うとましいほどの嵩。生活には野菜が溢れ、そのほとんどは母が畑で育てたものか、ひとに分けてもらったものでした。食卓には、理に適ったシンプルな方法で調理された、たくさんの惣菜――〝すべての菜のおかず〟が並んでいました。

この本は、野菜とそれにまつわる記憶をテーマに、一年半にわたる連載をまとめたものです。連載がはじまった頃、文献を紐解いたり、さまざまな調理法を試すうちに、しまった、大変なことに関わってしまったぞと思いました。毎回二千字を書き続けるには、私はあまりに何も知らないということがよく分かったのです。しかし、同じものはひとつとしてない旬の味わいが、恐れを楽しさに変えてくれました。楽しさとは、自然の一部として生かされていることを感じる力でもあります。

息子が通う都内の保育園では、鉢植えでトマトを栽培しています。先日、お尻から徐々に色づく姿に今さらながら驚き、足を止めました。ああ、トマトってこうだったね。きれいだなと思いました。熱心に眺めていると、子どもたちも集まってきました。彼らも、いつか思いがけないときに、お尻を染めた朱色を思い出すでしょう。このトマトが、土の記憶のはじまりになるでしょう。

人生のいくつもの思い出に、食が寄り添うことを願います。

目次

夏
049

秋
091

冬 133

春

春の野菜は、そのえぐみでもって、
台所に立つひとを働き者にする。
手折（たお）られたばかりの山菜を茹でる。
豆を枝からはずし、さやから出してやる。
急いで手をかけてやらなければ、
青い香りは消えてしまう。
こうして時に急（せ）かされて、
私はジャンプの支度をととのえる。
苦さを受け入れ、体の一部にする。

淡い混沌を生きる

旧暦四月には、花残月（はなのこりづき）という異名（いみょう）がある。

南からやってきた高温多湿の空気が、夜になると一気に冷え、水気をたっぷりふくんで朧月（おぼろづき）を生む。かすむのは月か、それとも自分の眼か。気だるく春に足を踏み入れたとたんに桜前線はぐんぐん北上し、落花を見送ろうとする今、夏が足踏みして待っている。

花の余韻に浸るひまもない日々を、せわしなくノックするように、富山の母から山菜が送られてきたことがあった。こごみやコシアブラ、よしな（ウワバミソウ）にゼンマイ。発泡スチロールの箱いっぱいの山菜を都会の玄関で託されることは、うれしさ八割、戸惑い二割の珍事である。

無事受け取ったお礼をと、すぐに電話をかけた。聞けば、ひとりで山へ入って摘んできたという。のんびりとした故郷の言葉のなかに、母の健脚さと弾んだ食欲が伝わってくる。アク抜きの方法や味付けを教わって電話を切ったあと、私は家じゅうのボウルやざるを引っ張り出して、鍋を火にかけた。こうして、約四百キロ離れた母と娘の間で、春のバトンが無事に手渡されたのだ。

湯のなかの山菜を菜箸でつつきながら、山へ分け入る母の姿を想像してみれば、不思議なことだが、いつまでも若いままなのだった。

しかし何年か前を最後に、母からの山菜便も途絶えた。足腰が弱くなったのだろう。でも、体力は衰えても、料理への好奇心は持ち続けてくれたらと願う。スーパーに並んでいる野菜が、手ずから収穫するそれより劣っているとは思わない。台所に立てば、どんなときも、それがそのひとの暮らしに見合った土との絆である。

それに、じつは熊の被害も気がかりだった。母の家からそう遠くない集落へ、冬眠から覚めた熊が餌を求めて下りてきていると、ニュースで何度も目にしていたから。

冬眠から目覚めるのは、私も同じ。

新調した春服に、待ちきれず袖を通す。ぬくい空気に誘われて街に出れば、帰り道、思いがけない風に吹き上げられた首筋が白白(しらじら)と冷える。信号待ちでブルゾンの前をかきあわせては、翌朝きまって薄く風邪をひき、フライングを叱られてきた。

だからこそ、食卓はファッションのように先取りしすぎなくてもいいと私は思う。商業的な食のキャンペーンに体を預けたくはない。家の食事は懐石料理とは違うのだから、たとえばテーブルに走りのものを一品並べたら、隣には名残のものを置いたり、一年じゅう手に入るハウス栽培ものがあっていい。一食、また一食と、体を外気にゆるやかに合流させるのだ。

こんなタイミングでスーパーに並ぶ土のもののなかで、私が惹かれるのは独活だ。白っちゃけた肌にびっしり産毛を生やし、仔兎のような薄い腹にところどころ桃色の脈を透かした、むき出しの命。なんせ捨てるところがない。ほろ苦い緑の穂先は天ぷらに、香り豊かな皮は一味をきかせたきんぴらにする。茎の持ち味は歯ごたえにあり。こりっと噛めば、清涼なえぐみが広がり、淡雪のように鼻から抜ける。

この茎を鍋にしようと思いついたのは、桃の節句のこと。

潮汁を作るため、昆布と蛤でだしをひいたら、ほかに味付けはいらないと思えるほど濃密な塩みが舌にまるくのってきた。白濁した汁は、薄紫に輝いている。靄のような淡いゆらめきの正体はなんだろう。浅海で過ごした記憶を、ぱあっと気前よく私の前に放ったのだろうか。その全身全霊の旨味をいかすよう、醤油を香りづけ程度に垂らし、一滴も残さず啜った。

愛用の乳白色の鍋を、蛤と同じ白いばかりの旬で埋め尽くしたい。そう思ってピンときたのが、まず独活。次に、かぶ、白味噌と酒粕だった。

冬が過ぎればつい干からびさせてしまっていた白味噌と酒粕を、熱い潮で溶いてやったらどうだろう。独活は短冊に切って歯ごたえを際立たせ、かぶはさいの目に揃えて景色をつける。炊かれた味噌が積雲のように立ちのぼり、そこに同じ発酵の仲間である酒粕で厚みを足す。白いペンキを塗るのではなく、レースを何枚も重ねるような絵コンテを思い描きながら、この鍋が完成した。

それは五感を頼りに手を動かし、土の恵みを編むようなささやかな営み。その間だけは、時間はたっぷり私のものである。

田んぼ、海、そして土からやってきた命が、淡い混沌のなかでいっしょくたとなったこの鍋は、今だけの味わいだ。これを最後に鍋を戸棚にしまい、あいたスペースにはじきに、梅仕事の瓶ものを並べるだろう。

「今夜は大人っぽい鍋です」

自信作をテーブルに置く。

小さく拍手する夫の隣で、子どもは独活に鼻をちょっと近づけただけで見向きもしない。その代わり貝殻に手を伸ばし、グロテスクな身を小さな歯で噛んでは引っ張りあげている。貝類が好きなのは、私に似たのかもしれない。

「ママ、お代わりある？」

こう聞かれ、もう浅蜊（あさり）では済ませられないぞと悔やんでも遅いのだった。貝の王様を知ってしまったこの子と一緒に、独活の風味を味わえるようになるまで、もういくつ春を迎えるだろう。

季節は初めて会うような若々しい姿でめぐってくる。決して老いることはない。自然の恵みを喰（くら）う人間だけが、またひとつ年をとる。

［独活と蛤の鍋 *p.174*］

小さなナポリ、大きなトマト

田園都市線に揺られて多摩川を渡った先の小さな町に、こぢんまりとしたレストランがある。四年前、私はそのレストランで、あるアーティストにインタビューをした。

長いインタビューだった。レストランは彼女のお気に入りで、「ナポリにいるみたいでしょう」と宝物を見せるように案内してくれた。

店内はすべてが心地よく使い込まれていて、強い日差しがカーテンの隙間から差し込み、そのぶん影はまっすぐ暗く、あまりに有名なそのひとを外の好奇の目から隠していた。結局、撮影と食事とを合わせて半日を彼女と過ごし、その仕事が編集者としての私の最後のインタビューになった。

そんな懐かしい店を、先日再び訪れた。一緒に向かったのは、仕事仲間で編集者のリエさん。

きっかけは、友人が送ってくれた一枚の写真だった。

〈これって、けいさんが働いていた頃じゃない？〉

というメッセージとともにメールに添付された写真には、何年も前に私が担当したページが写っていた。その特集が、あるウェブサイトで「マイベストマガジン」に選ばれていることを報せてくれたのだった。

胸をぎゅっとつかまれる懐かしさと同時に、後ろめたさもあった。長年勤めた出版社を辞めたあと、私は自分が関わってきた雑誌をいちども開くことはなかった。整理しなくてはと思うものの、つい後回しにして、段ボール箱に押し込めているという体たらくだったのだ。

友人のメールは、私を一気に過去に連れて行った。

私は仕事部屋にあがり、雑誌を引っぱり出してページをめくった。ふと、小さなナポリで彼女と向き合ったインタビューページにぶつかって、ああ、あの場所に行きたいと思った。リエさんに話したら、懐かしのロケ地再訪をおもしろがってくれて、予約まで引き受けてくれたのだった。

リエさんと私はあのときの彼女と同じ窓際のテーブルに着き、同じくカンパリソーダを頼み、ひょんなことからたどり着いた土曜の午後に乾杯した。

最初に運ばれてきた、太陽みたいな堂々たるトマトに、私は歓声をあげてしまった。湯むきしたトマトにレタスを添えた、シンプルな前菜。酸味が効いたドレッシングをレタスのほうにだけ少しかけ、粉チーズが薄く積もっている。都内のレストランならこのひと皿に最低でも数百円を支払うのが当然だが、ここではあくまでもサービスなのだ。赤いギンガムチェックのテーブルクロスに置

かれたみずみずしいトマトを、二月にしては暖かい日の光が照らし、祝福と歓迎の証のようにしゃれていた。

じつは、そのアーティストに会ったのはいちどきりではなかった。約十年前、私が三十歳になったばかりのときにもインタビューをしている。彼女がすすめてくれた映画や本を片っ端から追いかけて、自分の糧（かて）にしようとして過ごしたのが私の三十代だった。

ほろ苦いカンパリソーダを飲みながら、

「五十歳になったときにも、彼女に会いたいな」

と夢みたいなことを言った私に、

「そういうのって、絶対実現すると思う」

リエさんはこう返してくれた。敏腕編集者であるリエさんに頷かれると、本当に叶う気がしてくる。ほんの一年前は知らない同士だったリエさんと向き合いながら、多くの出会いが私をこのレストランに運んできたことに、胸を打たれていた。

時間は不可逆的ではあるが、決して均質ではない。重なったり、凝縮されたりしながら、記憶に蓄積されていく。繰り返し味わって、次に出会う誰かと共有することだってできる。レシピと時間はよく似ているのだ。

料理心を刺激され、感動が新鮮なうちに家でも作ってみた。

湯むきしたトマトを皿の真ん中に置き、レタスの繊維を指先で感じ取りながら丁寧にちぎる。ここから先は自分流。パルミジャーノ・レッジャーノで塩気を、アンチョビフィレでコクを足す。色を担うのは、ラディッシュときゅうり。盛り付けは、あまり計算しないで指に任せる。心地よい配置になるよう、トマトがもつ求心力が導いてくれるからだ。ざるに残ったトマトの皮をかじってみれば、昆布に似たぁと味に驚き、花びらのように散らしてみる。最後にくるみで歯ごたえを足し、おいしい塩をほんの少しと、青く香るオリーブオイルをひと回し。最終的な味付けは、噛むことで口内で完成させる。

味というものは、探そうとするひとにだけ姿を見せると知ったのは、ここ数年のことだ。年齢とともに鈍くなっていく味覚をやさしく起こすレシピを、体がどうしようもなく欲することがある。ドレッシングのないこのサラダは、その大切なレパートリーとして育っていくだろう。味を探しながら噛む楽しさを、野菜の厚みに刃を差し込む指先の喜びを、あの小さな店のトマトが鮮やかな姿で示してくれた。

鮮やかなシーンといえば、もうひとつ。アーティストの彼女が語ったエピソードのなかに、今でも忘れられない光景がある。

アーティストとして生きていく覚悟を決めたある出来事を、彼女は言葉で詳細に描いてくれた。それは壮絶な孤独と苦しみであると同時に、選ばれし才能を貫いた矢の強烈なまぶしさで、私を圧倒した。

彼女と同じ時代を生きているということが、私の心を照らしている。それは例えば、うつむいて皿を洗う夜に、顔を上げなさいと励ましてくれる力。遠くで輝き続ける太陽に、私は畏敬とともに今も恋をしている。

［トマトを慕うサラダ P.175］

緑を探すひと

長女が産まれた七年前の春、富山の母が助っ人として上京してきてくれた。

五十時間を超える難産の末、待ったなしで子育てに突入した私は、気力も体力もぺしゃんこになり、一日を無事に終えるのがやっとだった。

「お義母(かあ)さんに助けてもらわないと、心配で会社に行けない」

夫からのSOSにより、母に一週間だけ来てもらうことになったのだ。

午前中の新幹線でやってきた母は、ソファでひと息つくかと思いきや「あっ」と小さく声をあげ、リビングを横切りずんずん庭へ入っていった。なにをしているのだろうと目を凝らすと、しゃがみこんで紐のようなものを引っ張っている。しばらくして、ゆさゆさ揺れる草を両手に抱えて戻ってくる姿に驚き、私は思わず急須をざるに持ち替えて母に駆け寄った。

ざるに受けたとたん、やわらかくしなったニラの懐かしい青臭さが、風にのって鼻を突いた。

恥ずかしながら、私は庭に密生しているそれがニラとは知らなかった。育てたのは夫で、摘んだのは母。田舎のひとの目はどこにいても、食べられる緑を探す。それが娘たちの庭となるとなおさらだ。

どちらからともなく、ニラのお焼きで昼ごはんにしようということになった。

刃をあてればパキンと音が鳴るくらい新鮮なニラを刻み、卵と塩、醬油を垂らしてかき混ぜる。そこにねぎを加えるのは私のアイディア。同科の野菜同士を合わせると、例えばスカートに裏地を縫いつけるように、素材の持ち味が補強される。春のニラならではの、やさしく、ともするとぼんやりしがちな味わいが、ねぎを下支えにして鮮やかに立ち上がってくるのだ。

ニラとねぎから水分が出てくるから、水を足す必要はない。薄力粉を加えて混ぜ合わせ、あとは油を熱したフライパンに流し入れて両面を焼く。甘い香りが部屋いっぱいにふくらんだら、中まで火が通った合図だ。

生地に包まれたニラの香りは、嚙むことで熱にのって再び溢れ出す。飾り気のない味わいが、からっぽになった産後の体に染み渡り、私はこの日を境に少しずつ生気を取り戻していった。

母と並んで台所に立ったとき、私の心にあったのは、この先一緒に暮らすことは二度とないだろうという確信だった。母の庇護からも故郷からも抜け出し、経済的に自立していた私ではあったが、次の世代を産むことで初めて生物学的にも母に並んだのである。

明日富山に帰るという夜、私を産んだときのことを母から初めて聞いた。

「妊娠が分かったとき、うれしくなかった」

なんせ女の子がもう四人もいたのだ。

「でも」

「でも?」

「産まれてみたら、すごくかわいかった」

こういう母の正直さに、私はもう驚かない。思えば、母から愚痴や恨みごとを聞かされた記憶がない。その愚鈍な生活力と太さを、思春期の頃は疎ましく思ったこともあったけれど、今なら分かる。母のように生きなければ、ひとりで五人の子を育てることはできなかったのだ。

その母にあって私にないものを思う。戦後の記憶。今はなき畑。三十周年を迎える自分の店。五人の娘。そのうちのひとりを亡くした苦しみ。七人の孫。赤い軽自動車。

私にあって母にないものを思う。地下鉄で通勤する朝。ビュリーの香水。ペンネーム。マティーニのためのグラス。自分だけの本棚。小さな男の子。

ふたりがもっているもの。田んぼ、畑、水の記憶。B型の血液。女であること、母であること。そして、それらが並大抵では務まらないという静かな哀しみ。

あれから七年が経ち、富山を訪ねることも、来てもらうこともできない日常を誰が想像しただろう。

桃の節句から少し経った頃、私は小さな非日常を求めて四時間だけの旅をした。

天気のよい土曜日を選び、私たち家族は朝早く車で出発した。首都高を抜け、東京湾アクアラインを

渡って着いた先は、千葉の鹿野山九十九谷展望公園。幾重にも連なる上総丘陵が、朝日を浴びて薄桃色に染まっていた。誰もいない公園で、久々に大きく息を吸って伸びをした。

公園のテーブルにサンドイッチを並べて朝食の準備をしていると、夫がなにかを見つけた様子でふらりと歩き出した。腰をかがめて土に見入り、息子がそのあとを追いかけ、ふたつの背中が並んだ。

草やら花やらで溢れかえった公園から夫が探し出したのは、野蒜だった。引きぬいて根の匂いをかぎ、次に指先の匂いをかぎ、ふたりで笑い転げている。息子が小さな手に野蒜を握り、いくつかは指の間から落としながら、

「ママー、くさいのあったよ！」

と、駆け寄ってきた。

強くなりはじめた日差しをおでこに受けながら、私は七年前と同じように置いてけぼりをくった気分だった。私には食べられる草を探し出す力が欠けていた。受け継いだはずなのに、失くしたのだ。

ふと気がつくと、いつからいたのかバイク乗りの初老の男性が私たちを見て笑っていた。いつもなら「野蒜が植わってるんです」と話しかけてしまうけれど、このコロナ禍にかぎっては、距離を保ったまま互いに会釈をして別れた。

あのひとも、見つけられる側のひとではなかったか。指先の匂いを知っているひとではなかったか。そう思うと、風に揺れる緑が、年齢も性別も、言葉までも超え、それぞれの胸にある思い出をかき鳴らす弦のように感じられるのだった。

［ニラのお焼き p.176］

豆のうた

子どもを産むなら五月。

誰が言い出したかは知らないけれど、五月の出産を目指して妊活に精を出すカップルがいるということを知ったのは、三十代半ばに入り、ＳＮＳの妊活アカウントを覗くようになってからだ。

いざ自分が親になってみると、なるほどその説にはうなずける点もある。

まず、育てやすい季節であること。穏やかな天候の日が多く、風邪をひく心配が少ないし、夏を迎えて首が据わる頃にはオムツ一枚で遊ばせてもいいだろう。それに、働く親の事情も大きい。五月の出産であれば、翌年の三月いっぱいまで育休を取得することができる。

では種蒔きはいつ——ということになるが、そう都合よく事が運ぶとはかぎらない。

寒い季節に蒔いた種が、春に収穫を迎えるのが豆類だ。

グリーンピースのさやの合わせめに親指を差し込めば、硬い豆が指先にコロコロとぶつかり、用意したボウルにほとばしって木琴のような音を立てる。

豆に触れると――特に五月は――私はいつも胎嚢（たいのう）とそのなかで育つ胎児を思い浮かべる。子どもにそら豆をむくのを手伝わせたとき、真っ白なワタを「豆がおふとんに寝てる」と表現して驚いたことがあった。その通り、豆は母体に守られ、寒さを耐えて産み落とされるのだ。

その命が、都会ではパック入りの身軽さで売られている。

春の豆はにぎやかだ。三月のグリーンピースを皮切りに、スナップエンドウ、そして絹さや、そら豆へ。スーパーの一角が見事な緑で埋め尽くされる季節はほかにない。

茹でただけで最高に決まっているけれど、ここはひとつ、絹さや、グリーンピース、スナップエンドウの三種類をバターを使ったごちそうにする。

グリーンピースはさやから出し、スナップエンドウと絹さやは筋を取る。その間に鍋に水を張って火にかけ、沸く直前に火を弱めて豆を入れる。下茹では一分。お風呂で豆の肌をほぐすようなイメージだ。ざるに引きあげたら、水にはさらさず休ませておく。この間にも豆には熱が通り続ける。

本番はここから。あるとき、下茹での湯をシンクに流したあと、湯気にのって立ちのぼる香りに誘われ、ふと、鍋に顔を突っ込んでみたことがある。鍋肌にはまだしっかり香りが残っていた。豆がもつ、くすぐったいような丸い匂いを再び豆に移せるような気がして、あえて鍋は洗わず、豆を戻して中火にかけ、塩とバター、水をほんの少しだけ加えてふたをした。

鍋のなかでは蒸気が香りを運び、バターの薄い膜が豆を包む。一分蒸せば出来上がり。茹で一分、蒸し一分。たった二分で完成だ。

家族を呼ぶ間さえ惜しい。時間が経つと温かい香りがどんどん閉じてしまうから、作ったらすぐ食べる。これが一番のコツ。豆類は鮮度が命を言い訳に、私は深夜こっそり作っては、何度かは立ったままスプーンでかき込んだ。


グリーンピースからはじまった緑の横断幕は、さやいんげんへと続き、盛夏、枝豆の登場でひとつめのクライマックスを迎える。

子どもの頃、学校から帰ると、奥のほうから秘密めいてくぐもった声が聞こえてきた。ランドセルを置いて駆けつけてみれば、母や叔母たちが台所に新聞紙を敷き、うずたかく積まれた枝豆の束を囲んで豆をもいでいた。毛を生やしたさやの濃密な匂いと、そこに時折まじる含み笑い。私には近寄れない空気が、確かにあった。

「なってなって、かなわん」（富山弁でたくさんできすぎて困る、の意味）

母はよくこう言ったが、それとは裏腹に、茹でたての豆は密かな楽しみだったに違いない。

そう思ったのは、自分の小さな城で、はふはふと豆をほおばる特権を私も知ったからだ。ひんやりとした床で、女たちが膝をつき合わせて豆をむしるはしゃいだ指先を、今ではうらやましく思い出す。

枝豆の嵐が去った秋、豆の世界はふたつめのクライマックスを迎える。

大豆の出番だ。

秋祭りの獅子舞がトンチキ、トンチキ、トンチキ、トンの四拍子にあわせて練り歩く背後には、黄金に乾いた十月の田畑が広がり、はさ掛けにして天日干しされた大豆の群れがあった。ガサガサと音を立て、枯れきったように見えるその姿のなかに、タンパク源としての偉大な力が蓄えられていることは、日本に暮らすひとなら誰もが知っているだろう。私の家にも、母から送られてくる大豆で仕込んだ味噌が眠り、日々の食卓をつないでいる。

大豆の束にはそのうち雪が降りかかり、季節は閉じて深まっていく。

雪解けとともにやってくる遅い春、そして階段を駆けあがるような実りの季節と、のちに迎える成熟と発酵の冬を、豆は見事に生きる。四季を通底する豆のうたを、私はあぜ道を歩きながら五感で覚えた。

消費し尽くしたかと思える豆のうたには、まだ続きがある。

大豆のやり場に困りに困り、高温で炒って割れたものに砂糖をまぶしつけた名もなき菓子を、母が毎年送ってくれる。また豆かとボヤきたくなるが、あの疎ましいほどの豆の洪水を知らぬ子どもたちは、これが大好物なのだ。

郷里の土に実ったタンパク質を吸収し、子どもたちはどんどん大きくなっていく。まばたきをしている間に、さやから飛び出し、いずれ思いもよらぬ早さで巣立っていくだろう。私自身がそうであったように。

［春豆のバター蒸し p.177］

愛しい四文字

　メニューにあると必ず注文するのが、きんぴらごぼうだ。

　神田〈みますや〉のごぼうは、思春期の前髪のようにビンと反り返っている。よく研がれた包丁で、繊維に沿って断ってあるのだろう。味付けはこっくり甘く、かすかに酸味がある。ばりんと音を立てる噛みごたえのあとは、鷹の爪の辛みが薄くひろがり、あと味はそっけないくらいに軽い。

　三代目による品書きの筆にも味わいがある。

〈きんぴら〉

　ごぼうにきまってんだからさ、というわけだ。創業は明治三十八年。年月が磨き上げた黒光りする天井に照らされて、きんぴらはべっ甲色に輝く。どんな酒も受け入れる、包容力のある酒肴(しゅこう)である。

〈みますや〉が剛なら、麻布十番〈亀の井〉は柔だ。

　向こうが透けて見えるほどの薄さにごぼうを刻み、醤油の色は控えて色白に仕上げてある。それを、ほんのふた口なんて気取った感じでなく、空気を含ませるようにたっぷり盛って出してくださる。

ふぐを食べさせる店だが、こうして記憶に残るのはきんぴらのほう。どれだけ手間がかかっているか分かるからこそ、ほかの料理の下ごしらえや心遣いまで推しはかられる。

飲食店はもちろん、お弁当から家庭の食卓まで、きんぴらごぼうというのはなんと愛されている料理だろう。それは、ごぼうがもつ、土をテーブルのうえにそのまま運んできたような皮肌の香りと、甘濃ゆい醤油の合わせの妙だと私は思う。

そのやわらかい香りを楽しむ新ごぼうが、旬を迎えている。

まず、泥付きを求めること。泥がごぼうらしさと鮮度を守ってくれている。

たわしで泥を洗い落としたごぼうは、皮付きのまま斜め薄切りにする。それを少しずつ重ねてまな板に並べ、端からせん切りにしていく。人参も同じようにして切る。

ごぼうをさっと水にさらしたら、利き手に菜箸、もう片方の手に木べらをもって位置につく。フライパンをよく熱してから油をひき、強めの中火でごぼうと人参を炒める。

フライパンの底をただ回遊させるのではなく、菜箸と木べらを使って、少し持ち上げてはひっくり返し、まんべんなく広げ、また持ち上げてはひっくり返す。手早く均一に火を通すための工夫だ。

二、三分経つとごぼうの色が一段抜けて透き通ってくる。砂糖をふりかけ、全体をなじませたら火を止める。そこに醤油をふた回し。余熱で均一に色付くように混ぜて、ひょいとつまんで味が足りなければ、もうひと回し。白ごまを加えれば出来上がりだ。

じつは、子どもが初めてリクエストした料理の名前が、きんぴらだった。

「きんぴらって、あの、ごぼうの硬いやつのこと？」

幼い口調ときんぴらの響きがちぐはぐに思えてこう確認すると、子どもは大きくうなずいた。

自分だけの楽しみだったきんぴらの領域に、思いがけずわが子が入ってきた驚きは大きかった。

それまで、きんぴらは私にとって、自分のために作る料理だった。年子を育てながら、やわらかくて消化にいい離乳食ばかり作っていた私は、噛むことに飢えていた。食事が済んで子どもたちの機嫌がいいときを見つけてはきんぴらを作り、「おかあさんのごほうび」と宣言してむしゃむしゃ食べた。

噛みしめていたのは、ごぼうだけではない。人心地つく時間そのものだった。

このきんぴらを、バゲットやバタールなどのフランスパンに挟んで食べるのも大好きだ。

あるとき、原稿書きの合間に、少しだけ残ったバゲットに同じく少しだけ残ったきんぴらを挟んで、横着な昼食にしてみた。醤油味のものをパンに挟むなんて、と眉をひそめられるかもしれないけれど、小麦もごぼうも醤油も、鼻に抜ける香りにどこか土くさい懐かしさがあり、ほかの食材には代えられないほど相性がいい。きんぴらは一日経って味がこなれているものが最高だ。パンは、きんぴらに負けない噛みごたえと塩気のきいたものが欲しい。飲み物は絶対、牛乳。

思い通りに進まない原稿に苦戦し、えいやっと匙を投げようかというときにかぶりつけば、いっときの平穏と満足が訪れる。いつだって、こうした時間が、再び立ち上がるための小休止になる。

一度めの緊急事態宣言の前に、ひとりだけの贅沢な時間を外で過ごしたのは、あの〈みますや〉だった。

（今日しかない）

二〇二〇年三月の寒い日、神保町の出版社に寄ったその足で、開店と同時に訪れた。通されたのは厨房前の大テーブル。まずは白鷹の燗酒ときぬかつぎを。それから、さくらさしみときんぴら。いつもと同じ。

「粋な飲み方、されますよね」

四十分ほどで席を立った私に、お店のひとがこう笑顔を向けてくれた。

二十四歳のときに観光気分で訪れ、子育てで足が遠のいた数年を経て再び通うようになったこの店で、こんなふうに認められたのは初めてのことだった。

お礼を言って、最初の予約客と入れ違いに暖簾（のれん）をくぐって通りに出た。どこか後ろめたく、誇らしい。

特別な店とは、そういう店だ。

コロナ禍が去り、日常が戻ってきたら——誘いたいひとの顔が、何人も思い浮かぶ。しかし、私はきっとまたひとりでこの店を訪れるだろう。好きな場所へ体を運ぶ自由を、静かに味わうだろう。家でも職場でもない居場所をもつことは、都市に暮らすおもしろさである。歳を重ねながら積み上げてきたいくつもの思い出が、舌の記憶を育て、食べるよろこびと作る探究心へと形を変えていく。

［きんぴらフランス p.178］

いも食うふたり

三十歳を過ぎてから、大学の通信講座で料理と栄養学を学んだ。

家族の胃袋を預かる主婦たるもの——から高らかに始まる、時代を巻き戻したような教科書の序文に面食らいつつも、私は夢中になった。通勤電車に教科書を持ち込み、週末はレポート書きに充てた。

記述式の課題のなかで、忘れられない設問がある。

献立にいも類を取り入れることの長所を挙げなさいという問題で、自分の解答は忘れてしまったのに、先生の添削は今でも覚えている。

〈いもは食卓に温かさを添えてくれます〉

習字のお手本のように美しい赤ペンで、こうあった。答案に書き足さずにはいられなかった先生の、いもに寄せる全幅の信頼を、当時の私は少し距離を感じながら眺めた。

いも類、なかでもじゃがいもの力を知るのは、それから数年経って子どもに恵まれてからだ。

肉じゃが、ポテトサラダ、コロッケ、煮っころがし——家庭料理の人気レシピには、じゃがいもを主役にした料理が並ぶ。当然の地位だ。一年じゅう安定した価格で手に入って保存が利き、調理すればボリュームも出るとくれば、食卓には欠かせない。

丸く張ったじゃがいもが袋にぎっしり詰まっているのを見ると、また会いましたねの挨拶と同時に腕が鳴る。思い浮かぶはフライドポテト、一択。

作り方はこうだ。

皮付きのじゃがいもを洗ってから、大きめのひと口大に切る。水気を拭いたら断面を下にしてフライパンに並べ、油をじゃがいもの背丈の半分注ぐ。皮付きのにんにくも一緒に放り込んでおく。ふたをしてから弱火にかける。油でじゃがいもを煮るようなイメージで、上半身にまで蒸気を行き渡らせる。

弱火ではじまった調理は、もどかしいほどゆっくり進む。この無音に耐え、いもに気づかれないようにじわじわと熱を加える。そのうち気泡とともにシュッシュと軽快な音がしてくる。五分ほど経ったらひっくり返し、ふたをしてさらに火を通す。竹串を刺してみてすーっと通れば、ふたをはずして強めの中火に切り替える。一気に水分を飛ばして外側をカリッと仕上げる。引き上げたら熱いうちに塩を振る。親指、ひとさし指、中指でたっぷりつまんでピシリ。じゃがいもの輪郭が引き締まる。

油はお古で構わない。皮付きのじゃがいもはやわじゃないから、二度めの揚げ物でもへこたれない。ちょっと古い油があるから、じゃがいもでも揚げようか——逆の発想も大いにあり。だからどうか揚げ物を敬遠しないでと言ってまわりたいほど、揚げたてのおいしさは格別だ。

私と夫にとって、「いもでも揚げよう」は、「ちょっと話そう」と同義であり、どちらからともなく提案する歩み寄りである。

中年夫婦の間食としては、塩分、熱量、脂質のどれをとっても失格。おまけに、合わせる飲み物はジャックダニエルのコーラ割りと決まっている。まんべんなく皮肌に染みたにんにくの香りを洗い流す、痛いくらいの喉ごしといったら。ほかには代えられない。

「いいじゃない、たまになんだから」

普段の摂生の反動か、互いにこう言い聞かせ、揚げたてを指でつまむ。罪深い味を分け合ってこそ、引き出される本音というものがある。それに、熱々のポテトを前にしては、いがみ合ってはいられない。そういう意味でも、先生の言ったことはやっぱり正しかったのだ。

ひとりで食べるフライドポテトの寄る辺なさも、知っている。

些細なことで言い合いをしては、私のほうがぷいっと家を出ることがある。炎上しそうな予感がしたら、いったん夫婦間距離を取るのが、私なりの収め方だ。

駅前のビアパブに入って、とりあえずのラガーとフライドポテト。甘ったるいケチャップにひたしたポテトを、ビールで流し込む。外で食べるフライドポテトは、腹にずしんとくるなにかが足りない。でも、指を皿から口へ往復させるのにこれほど適した気楽な食べ物はない。

二杯めがなくなろうかという頃、夕飯の買い出しへ向かうひとの姿が目立ちはじめる。三杯めを頼むなんて、小心者の私にはできなくて、お尻が落ち着いてらんない。会計を待つ頭のもう半分で、冷蔵庫の中身を点検しはじめている。西陽に目を細めて自転車をこぎながら考えていることといえば、今晩のおかずである。ビール二杯とじゃがいもで、上機嫌は買えるのだ。

家に着けば、ついさっき互いに喉元までせり上がった激しい言葉をのみこんだその口で、晩ごはんの相談をしている。いつの間にか暮らしが——もっと大げさにいえば、時間そのものが——目の前に敷かれていく。食べることをかすがいにして、夫婦はこうして一命を取りとめ、賞味期限を更新していく。

十一年前、共通の知人が開いたパーティで、女は初めて男に会った。

男は野菜を育てるのが趣味だと話し、女は野菜を料理するのが好きだと返した。

「今朝収穫したんです」

こう言って男が見せたのは、エアーポテト（宇宙芋とも呼ばれるむかごの一種）の写真だった。手のひらより大きく、隕石みたいにグロテスクだ。食べられるのだろうか？　女はいぶかった。

「これって、どんなふうに食べるんですか？」

「それが……僕にはアイディアがなくて。どうしたらいいですかね」

このときから、私と夫の時間ははじまったのだった。

［フライドポテトにんにくの香り　p.179］

いも食う
ふたり

八百屋の貸し

年が明けると蠟梅が咲く。寒さの底で一番乗りに黄色い花をつけ、冷たいバスルームに置かれた石鹸の香りを放つ。どこか日本のものではないような、不思議と西洋を感じさせる香りである。

蠟梅のあとは、沈丁花。まずその香りで足を止めさせる点では、秋の金木犀に並ぶ。

同じ頃、二階の和室の窓から顔を出すと、隣家の庭の白木蓮に手が届く。蓮の花に似た花が空を向く姿に、このままずっと枝にしがみついていてくれたらいいと思う。

しかし気を遣ってくださったのか、ある日、枝がバッサリ切り落とされていた。いつの間に植木屋さんがきたのだろう、ツツジやハナミズキなど他の木々までずいぶん低く刈り込まれて、勝手に眺めを分けてもらっていた眼には寒々しく映った。

春の花の香りは、瑞兆を運んでくる気がする。花を見て悠々自適に暮らせたらいいのだろうが、私の年齢ではまだ早い。春だから何かいいことが起きると考えるのは、あまりに鈍い気がして、スケジュールを確認する。春が美しすぎると、不安になる。香りに急かされて、働きたくてたまらなくなるのだ。

食卓にも香りが溢れる。太陽の光を蓄えたふきのとうや、こごみ、ゼンマイ。せりや、たらの芽。書いているだけでよだれが溜まってくるのは、あのほろ苦さを思ってのこと。

なかでも、一番は竹の子だ。桜と交代に、旬がやってくる。

気温が高くなるにつれて、菜種梅雨の水気を含んだ竹の子が成長をはじめる。竹林が水分を溜める真夜中は、子もゆっくり休む。養分をめいっぱい蓄え、さあ、これから伸びんとするまさにそのときを狙って、うんと早い朝に収穫しなくてはならない。

神奈川県の郊外に暮らしていた頃、家の前に小さな竹林があった。遮るものがない恵まれた立地で、小川が流れ、夏は蛍がやってきた。

今年もそろそろ——と思ってのんびりしていると、もう、出遅れる。朝、気配がして外を見ると、背中のかごを竹の子でいっぱいにした男女の集団が、駅とは逆のほうへ早足で去っていく。私と目が合うと、みな一様に視線を逸らして。ひとつくらい残しておいてくれてもいいのに、掘り起こされた地面はでこぼこに乱れ、地団駄だって踏めやしない。

掘りたてをその場で焼いて皮をひらいたら、どんな香りがしただろう。来年こそ、あの一味より先にと小鼻をふくらませるのだが、結局、いちども彼らを出し抜けないまま東京に越してしまった。

売り場で竹の子を見つけるとうれしくて、二つ三つまとめて買う。縦に伸びることだけを遺伝子に組み込まれた命だ。それが横に寝かされているのを見ると、一刻も早く手当てをしてやらねばと思う。

竹の子は先端を少し切り落とし、垂直に切り込みを入れる。家で一番大きな鍋に入れて水を張り、米ぬかをひとつかみと鷹の爪を加えて火にかける。あとは二時間弱茹でるだけ。竹串を刺してすうっと通れば、火を止めてそのまま冷ます。姫皮、穂先、根元に切り分けて、すぐに使わない場合は茹で汁に浸して冷蔵庫に保存しておけば四、五日はもつ。

なにはなくとも竹の子ごはん。そう思ってきたが、あるとき夫が、ごはんよりも焼いて食べたいと白状してきた。なぜそれを早く言わないか。

聞いてしまったら、作らずにはいられない。

下茹でした竹の子は穂先を等分に切り分け、粉山椒を醤油に散らして香りを移し、焼き網を用意しておく。竹の子を山椒醤油にちょんちょんと浸しては、網にのせて炙(あぶ)る。食べられるやわらかさには茹だっているから、表面を化粧する気持ちで何度か繰り返す。

焼いているときの香りが、まず、ごちそうである。竹の子の肌が乾くときに一緒に放たれる、甘がゆい香気。そして焦げた醤油の匂い。これを肴にして、舌に日本酒をふくませる。確かに、焼きがいい。

この竹の子と切っても切れないのが、山椒の若い葉、木の芽である。清涼なほろ苦さが、竹の子のえぐみを引き立てながら鼻に抜ける。

じつはこの文章に添える写真の撮影前日、売り場を数軒回っても木の芽が手に入らなかった。その前の日はたくさん目にしたのに。必要なものが準備できなければ、プロとして失格である。

翌朝一番に近くの八百屋へ向かった。いろんなわがままを聞いてもらってきた頼みの綱なのだ。

開店前の店内は、これから並べる野菜の荷さばきで慌ただしかった。

「すみません、木の芽、ありますか」

あいよ、と裏の倉庫へ見に行ってくれたお兄さんだったが、「今日はなし、ごめん」と戻ってきた。撮影の時間は刻々と迫る。

「分かりました、じゃ、似た葉を探します」

細かくちぎって使うしかない。腹をくくって、三つ葉や大葉の棚へ首を突っ込む私を見て、

「五分待てますか」

返事をする間もなく、お兄さんは自転車で飛んで行った。あれは質問ではなく指示だったのだ。

あんなに誰かの到着を待ったのは、久しぶりだった。戻ってきた手には、木の芽が握られていた。しっかりトゲがついた、野生の若い枝が。

「僕の秘密の場所だから、教えませんよ」

お兄さんはそう言って持ち場に戻ると、鼻歌を歌いながら仕事を再開した。

大きな借りがひとつ。こうして、たっぷり使わせてもらった。


花にかまけて、家のまわりにどんな木々が生えているのか知らずにきた。東京23区とはいえ、公園にも、民家の庭にも、街には驚くほど多種多様な木々がある。見ようとしなかったから、見えなかった。

食べられる緑の在処（ありか）くらい、自分だけの地図を作れなくては。これからまた、忙しくなりそうだ。

[焼き竹の子山椒の香り p.180]

恋人坂のアスパラガス

子どもがなかなか野菜を食べてくれないというのは、食事を作るひとに共通する悩みだと思う。私は、紆余曲折あって、無理に食べなくてもいい派。いやなものはいやなのだから、今は仕方ない。自分の子ども時代を思い返してみれば、三月の菜の花のおいしさを知らなかったし、五月のアスパラガスを楽しみに待ったこともない。子どもの舌は敏感さが先立ち、未熟なのだ。グルメ情報が詰め込まれた大人のように、頭で味わうということもしない。

今は食べなくても構わない。私がこう考えるようになったのは、小さな嘘がきっかけだった。食卓に野菜たっぷりのスープやおかずを並べると、子どもはごはんとメインのおかずだけを食べて、「ちょっとおなかが痛いかも」と言ってごちそうさまをするようになった。はじめは心配していたのだけれど、毎回必ず緑色の野菜だけが残っていることに気がついた。

本当におなかが痛いのか、それとも、食べたくないだけの言い訳なのか。毎日おなかが痛いのなら、そっちのほうが問題だ。病院に連れて行かなくては。

要らない嘘をつかれるのだけはお母さんはいやだよと伝えたら、緑のはあんまり好きじゃないと白状した。それでも私はお供え物だと思いながら、なにかしら緑の野菜を使った料理をテーブルに置く。まず、私が食べたいから。子どももいつか、うっかり食べてくれればいい。そのためなら、工夫していろんなものを作ってみたい。

五月、アスパラガスが旬を迎える。

緑のポッキーはおいしいなぁと言いながら、子どもの気を引こうとしたこともあったけれど、なかなかうまくいかなかった。

十一年続けてきたツイッター「きょうの１４０字ごはん」の過去ログを見てみたら、驚くほどたくさんのアスパラ料理を作っていた。炊き込みごはん、茹でて目玉焼きをのせたもの、かき玉汁、生ハムと一緒にちらし寿司にしたもの、肉巻きなどなど。

なかでも気に入っているのは、昆布のねばねばの衣をまとったアスパラガス。昆布は水をかけてふやかし、細く刻む。アスパラガスはさっと茹でる。昆布、アスパラガス、塩を混ぜてひと晩置くだけのレシピなのだが、旨味の塩の膜をまとったアスパラのおいしいこと。

昆布もアスパラガスも、ともにアスパラギン酸を含んでいることを後に知った。理屈に先んじて食材同士が導いてくれた相性のよさに、料理本を手放すことのおもしろさを改めて知る。子どもにこのおいしさはまだ分からないことだけが、難点である。

同じ「旨味」なら、ベーコンやハムの旨味を借りたらどうか。そうピンときて作ってみたのが今回のレシピ。これが、ビンゴだった。

フライパンでベーコンのみじん切りを炒め、水分が飛んで味わいが凝縮されたところに、パン粉を加える。カリカリに炒まったら、いったん取り出す。フライパンを洗わずに、続けてアスパラガスを焼く。アスパラガスは根元から三分の一の硬い部分の皮をむいておく。油を熱し、フライパンのサイズによるが、できるだけ長いまま並べて塩を振る。あまりいじくると水分が出てきてしまうから、弱火でじっくり焼く。いちどひっくり返すくらいでじゅうぶん。

皿に盛ったアスパラガスにベーコンとパン粉をのせ、半熟ゆで卵を添えて出来上がり。手をよく洗い、片手にフォークを、もう片方はじかにアスパラガスをつまみ上げ（行儀が悪いのは承知）、すべての具材を好きなように混ぜてアスパラガスですくって食べたりもする。パン粉のさくさくした食感と、ベーコンのほのかな塩み。子どもは腹痛の申告などなかったような顔をして、お代わりをする。

走りのアスパラガスのおいしさを、喜多方（きたかた）で知った。ラーメンで有名な福島県喜多方市である。

三年前のゴールデンウィークに、私たち家族はキャンピングカーで北を目指した。奥日光を抜けて中禅寺湖で一泊し、それから湯西川、福島県は会津地方へ入り、下郷（しもごう）、喜多方へ。海かと見紛う猪苗代湖畔で眠ったあとは、奥久慈を経て最終目的地の栃木県益子（ましこ）へという、五日間の旅だった。

旅の中盤、目的のひとつであった喜多方ラーメンを食べて満たされた私たちは、「恋人坂」という景勝地へ寄ってみることにした。うんざりするほどの田んぼに囲まれて育ったのに、旅先に同じ景色があれば見に行かずにはいられない。

坂の上に車を停めて立つ。視線の先には飯豊(いいで)連峰の稜線が横切り、眼下には会津盆地が広がっていた。一本道の両側には、水を湛えた水田が、鋭利な刃物で切り分けた水羊羹のように連なっている。坂を真っ赤に染めながら溶けなじむ夕日を求め、多くのひとがこの場所に集まる。最初にこの眺めを見つけたひとは、幸運で胸がいっぱいになっただろう。

夕日まで待つかどうか迷っていたそのとき、ふと、視界の隅にちらちら動くひと影があった。大声を出せば届くような距離で、背をかがめて何かをしている。

土からひょろっとのびた鉛筆を、一本一本摘み取っているそのひとが、アスパラガスを収穫しているのだと気がつくのに少しかかった。なんと繊細な、気が遠くなりそうな悠久とした手つきだろう。大海でひとり、砂粒を拾っている姿を眺めるような途方のなさを思った。

そうして収穫されたアスパラガスを、直売所で買って帰った。キャンピングカーに戻り、網にのせて炙っただけのアスパラガスのみずみずしくて甘いこと。その土地でとれた食材を、その場で料理する。好きな場所に車を停めてその日の宿にしてしまえる、キャンピングカーの醍醐味だ。

この週末、東京の家に会津のアスパラガスがやってくる。箱をあける。整列した薄緑が飛び込んでくる。宝石など目ではない、息をのむ美しさ。よくぞご無事でここまで――この瞬間を想像するだけで、今日一日を乗り切ってみせると思える。

［アスパラガスのカリカリのせ *p.181*］

恋人坂の
アスパラガス

行楽弁当は、あえて、いつも同じものを

七分咲きの週末に、花見に出かけるのが好きだ。

出かけるといっても、目指すは向かいの公園。遠出する花見が面倒になり、ここ何年かは、弁当持参で見事なソメイヨシノの下に陣取るのを楽しみにしている。

必ず用意するのは天ぷら。こごみや独活、たらの芽など、売り場に並ぶものをここぞとばかりにかごに入れる。山菜のえぐみを好まない子どもも、天ぷらにするとよく食べてくれる。油と山菜の相性はとてもよい。

輪をかけて相性がいいのが、ロゼワインである。この日は、秋田の作り手のものを持って行った。

春慶塗の一の重には、まず卵焼きを。それから、菜花のおひたしと、さつまいものレモン煮。赤、黄、緑の三色を入れるとバランスが取りやすい。赤と緑を、人参（白ごま）と小松菜（黒ごま）のごま和えにしてもいいと思う。

もうひとつのお重には豆ごはんのおむすび。三×三で計九つ。この数も決まっている。いつも大きくむすびすぎてしまうけれど。

三の重には、季節の果物を一種類、山盛りに。

行楽弁当は、いつも同じ構成にするのがコツ。どうせ近所なのだから、皿もグラスも、いつも食卓で使っているものを布巾で包み、築地かごに入れて運ぶ。行楽は、楽をしてこそ。

夏

野良仕事をする母のそばで、
日が暮れるまで遊んだ。
天に向かって伸びる蔓や葉に
幼い体を守られ、何も怖くなかった。
母にあてがわれた、小さな畑。
胸が苦しくなるほどの草いきれ。
奔放な匂いの出どころは、萼（がく）である。
花や実を支える、あの開いた緑が、
自分だけの畑が、いま、欲しい。

カレーのきた道

二〇〇一年の夏、私は虎屋の羊羹を抱えて横須賀へ向かっていた。謝罪をするためだ。

出版社に入って初めて担当した特集号で、横須賀にあるカレー店を取材した。

謝罪の原因となったのは、情報の誤記だった。当時は原稿を電話口で読み上げ、お店のかたに聞いてもらって、間違いがないか確認をしていた。その店ではじゃがいもを使わない——しかもそれがレシピの肝——にもかかわらず、私は誌面に載せてしまった。電話口でどんな行き違いがあったのか、今となっては記憶も定かでない。

料理と真摯に向き合ったことのない新人編集者の無知。当然じゃがいもが入っているという思い込みがあったのかもしれない。それ以来カレーを前にするたびに具が気になって仕方ない性分になった。それがこうして料理の仕事に生かされていると思うと、不思議な道行きである。

横須賀といえば、海上自衛隊のお膝元。一九〇八年に発行された『海軍割烹術参考書』のレシピを取り入れた海軍カレーでまちおこしをはじめたのは、一九九九年のことだ。

海上自衛隊では、長い航海生活で曜日感覚を失わないよう、毎週金曜日はカレーの日と決まっている。そんな説が巷にひろまり、ステイホームが叫ばれる二〇二〇年、台所に立つ人々も「金曜カレー」をSNSにアップしはじめた。外出を制限され、曜日感覚を失いがちなのは家のなかとて同じ。単調な生活に句読点を打つのは、いつの時代もカレーなのだ。

金曜日だけでなく、毎日カレーを作り続けるひとたちがいる。

ドキュメンタリー映画『聖者たちの食卓』(二〇一一年/ベルギー/原題『Himself He Cooks』)で描かれるのは、インド北西部にあるシク教総本山ハリマンディル・サーヒブ(黄金寺院)の公衆食堂だ。毎日十万食のカレーが、五百年もの長きにわたり、巡礼者にも旅行者にも等しく無償で提供されてきた。にんにくの皮をむくひと、チャパティをこねるひと、皿を洗うひと——調理に関わるひとの数は三百人。もちろん無償の労働だ。

街が眠っているうちからはじまるカレー作りは、野菜も豆も、火も水も、なんだって信じられないくらい大量に投入される。やがて門がひらき、一杯のカレーを求める人々が回廊を牛歩で進む。耳鳴りのような喧騒。あたり一面を覆い尽くす火とスパイスの圧倒的な匂い。うんざりするほどの人、人、人！カレーはありがたく、しかし泰然と受け取られ、満たされたひとは去る。皿は洗われ、床は掃除され、長い一日が粛々と仕舞われてゆく。

作るひとと食べるひとが、大きなうねりとなってただそこにいる。資本主義や社会保障という言葉で

語れば矛盾だらけの伝統が、〝分かち合う〟——この一点の教義のために続いてきたのだ。

シク教には、サンスクリット語で奉仕を意味し、「世話」の語源でもあるセーヴァーという教義もある。私ができるだけおいしいものを作りたいと思う心も、まさにセーヴァーだ。

朝、出がけに「夜はカレーが食べたい」と子どもが言う。カレーか、いいねえ。でも困ったなあ、とも思う。そういう日にかぎって飴色の玉ねぎを作る余裕がなかったりするからだ。

フルタイムで働いてきた私は、カレーでもなんでも、レシピという聖典をいちどは疑ってみなければ保たなかった。例えば、「玉ねぎを飴色になるまで炒める」の一文。時間をかけて飴色に変化した玉ねぎの深い味わいなら、知っている。でも、毎日の料理はもっと気楽に作ってはだめだろうか。

あるとき、火にかけた玉ねぎのことを忘れ、うっかり煮崩れさせてしまったことがあった。食べてみると、ぽってりと舌にまとわりついて甘い。これだってじゅうぶん、おいしいじゃないか——そう思った私は、飴色の呪縛を手放した。ほかにも「ひと晩寝かせたほうがおいしい」や「子どもには甘口を」など、カレーについてまわる常識はたくさんある。

でも、私がおいしいと感じるのは出来たてのカレーだ。スパイスの香りが立ちのぼり、鼻腔を全開にして吸い込みたくなる。それに、甘さを照準にするより、子どもも満足できる辛さを見つけてみたい。そう思ってひとりカレー開発部門を担ってきた。ああでもない、こうでもないを繰り返し、挽き肉とニラのカレーがいつの間にかうちの定番になった。

ポイントといえば、三十分で作れるレシピであること。にんにくとクミンシードを油で炒め、合挽き肉に〈S&B〉の通称〝赤缶〟でしっかり味の土台を作る。赤缶カレー粉はスパイスのバランスが調和していて、飽きがこない。玉ねぎとじゃがいもを加えて炒めたら、水を加えてふたをする。二十分煮た野菜は、泡立て器を使って潰す。玉ねぎは角をなくし、じゃがいもはとろみとなって溶け込む。

下味をつけるのはウスターソースとケチャップ。便利な旨味はなんだって活用する。そして二度めの赤缶を味を見ながらひとさじ、またひとさじ、足していく。最後に加えるのはニラと生姜(しょうが)。香り高いこの和の食材を、カレーに使わない手はない。

ここまで、きっかり三十分。ひと口ほおばれば、五分弱火で煮たら、出来たてを食卓へ運ぶ。すべての具が均一に放り込まれる。リクエストされても焦る必要のない、大人も子どもも大好きなカレーライスである。

満たされているのは、食べるひとよりも、奉仕するひとのほうではないか——。

弾かれたようにこう気がついたのは、映画を観終わってからしばらく経ち、八百屋のレジに並んでいるときだった。

ハリマンディル・サーヒブで奉仕していた人々は、ちっともシリアスじゃなくて、遊んでいるようにすら見えた。私にも、買い出しからはじまる料理の一連がおもしろくてたまらないときがある。

レシピにはすみずみまで動機や理屈があり、そのひとが五感を使って歩いてきた道そのものだと思う。どう作っても自由だからこそ、自分の味にたどり着き、それを大切な相手と分かち合えたとき、めいっぱい夏遊びをした夕暮れのような充足感が作り手を包む。

［うちのカレー *p.182*］

十二年目の自由

二〇一〇年の五月にツイッター「きょうの140字ごはん」を始めてから、丸十一年になる。こんなに長く住むことになるとは思わなかった。ご登録いただいてから、今日でちょうど十一年です——ツイッター社からメッセージが届いたとき、わが子の成長を見るような気がした。

今ではここが、私の営業の本丸だ。「絶版になってしまう単行本をよみがえらせたい」と助けを求めれば、手をあげてくださる出版社がある。こんな企画を思いついたので書籍化したいとつぶやけば、お声がかかり、自ら足を運ぶ必要がない。十一年前に思いつきではじめた浅見(せんけん)が、力が抜けていたがゆえに、先見の明になったか。

十一年のなかで、フォロワー数がぐぐっと伸びるきっかけになったレシピがいくつかある。その多くが、トマトを使ったレシピだ。

トマトをじっくり焼く「トマトのポワレ」や、市販のインスタントラーメンをトマトの水分で煮る悪魔的な一品。それから、トマトから水分を抜いてむっちりした食感に仕上げる塩漬け——などなど。日本人は、というより、ＳＮＳに遊びにくるひとというのは本当にトマトのことが好きだ。

まず、あの色。そして、生でも、軽く火を通してもおいしい気軽さ。イメージ戦略でも、トマトは強い。トマトといえばリコピン、リコピンといえばフィトケミカルというのは、栄養学に詳しくないひとでもいちどは耳にしたことがあるのではないだろうか。おいしくて体に良くて、見た目にも美しい。茶色くなりがちな食卓のなかで彩りを担う、国民的食材である。


じめじめした梅雨時は、体調を崩してしまうひとが多い。私も、肌寒いようでいて体の芯には熱がこもり、調子が出ない日がある。そんなときに、このレシピをおすすめする。トマトに合わせるのは、同じく国民的食材の梅干し。

トマトは皮付きのまま粗めのみじん切りにする。同じまな板の端っこで、梅干しを叩く。梅肉に畝を作るようにして、トントンと包丁の跡をつけると、ペースト状になって扱いやすくなる。

トマトと梅肉を密閉容器に移して混ぜ、ここに、砂糖ほんの少しとおろし生姜を足してよく混ぜる。少なくとも三十分以上置くこと。朝五分で仕込んでおけば、夕方にはおいしいトマトのタレができている。

こういうレシピは、特に誰に習うようなものでもない。しかし、まったくの思いつきかというと、そんなことはないのである。

野菜に塩を振ってしばらく置くと、浸透圧の関係で野菜から水分が出てくるという知識が、まず下敷きとしてある。それがトマトなら、水分そのものが濃ゆくておいしい。そして、塩を使うなら、旨味が凝縮された梅干しの塩分を使ったほうが味に深みが出る。それらのアイディアを、自分に都合のよいように重ねてはじめて、ひらめきがやってくる。

なにより、時間がないなかでも工夫しておいしいものを食べたいという気持ちが、アイディアの点と点を結んで翼を生えさせる。勝手にうまくなる料理のレパートリーは、いくつあってもいい。

砂糖をほんの少し加えるのは、トマトのやや青くさい角と、梅干しの行き過ぎた酸を取りもって、旨味の橋渡しをしてもらうため。砂糖の代わりに、はちみつやメープルシロップでもよい。

梅の実が熟す頃の雨と書いて「つゆ」と読むけれど、黴(かび)が生えやすい時期ゆえ「黴雨(ばいう)」と呼ばれたのが同じ音の「梅雨」に転じたという説もあるくらいだから、どうか、キッチンの作業台に出しっぱなしにしないで必ず冷蔵庫へ。あとは仕事でもショッピングでもなんでも。放っておくだけで、冷蔵庫のなかで勝手に味がまとまってくれる。うめぇトマト、これ以外のネーミングは思いつかない。

どう食べても親和がある。焼いた魚や肉、厚揚げはもちろん、刺身や冷奴にも合うし、熱いごはんに冷たいうめぇトマトで、さらさらと梅茶漬け風もいい。くし切りにしたトマトにうめぇトマトをかけた「仲間サラダ」もなかなか。

私が一番気に入っているのは、豚の甘い脂と合わせる食べ方だ。

しゃぶしゃぶ用の豚肉を買ってきて、塩胡椒して下味をつけてから片栗粉をまぶす。このひと手間で、食感がつるりと丸くなり、もともと高かった肉になる。

鍋に湯を沸かし、一番弱い火にして豚肉を入れたら、やさしくほぐすように火を通す。１００度をキープして煮立ててしまうと、肉が硬くなってしまう。理想は70度から80度と言われているけれど、温度計を持たないひとも多いだろう。とにかく、ぐつぐつと煮立った地獄のなかに肉を放り込まないことが大切だ。

火が通った豚肉はざるにあげて、自然に冷ます。うめぇトマトを豚肉にたっぷりのせ、仕上げの調理は食卓で。軽く和えて、めいめいの皿に取る。和えるという手の働きも、おいしさの一部である。

ところで、「豚しゃぶサラダ」と検索すると、水もしくは氷水をボウルに用意して肉を冷やすというレシピがたくさん出てくるが、私はそうしない。そもそも、そんなに冷たい肉を食べたいだろうか。体温と同じくらいの豚肉は、舌にすっとのってきて、とろけるようなおいしさがある。温度ひとつとっても、それぞれの好みがある。私のレシピが正解だということではなく、こういうことは、自分本位で決めればいい。

レシピの語源は、医師が患者に書いた「処方箋」だという。薬の処方箋ならひとに任せるのがよいけれど、家のごはんは自分だけのレシピを持っていたい。納得して育てたレシピがあればあるほど、ひとは料理から自由になる。記録歴十二年めの私が言うのだもの、間違いない。

［うめぇトマト豚しゃぶ *p.183*］

いたわるワンタン

雲呑と書いてワンタンと読む。

雲を呑むなんてつかみどころのない表記は、広東（カントン）省を中心とする中国南部特有のものだそうだ。広い国土を北へ。上海では「生煎（シエンジエン）」と呼ばれる小さな肉まんのようなものを鉄鍋いっぱいに並べて焼く光景を見かける。これがおいしくて、十何年か前にひとりで旅をしたときは、小腹がすくたびに何度も通った。体重増加にもてきめんに効く。

その上海から高速鉄道で三十分。運河の街・蘇州で、屋台をひとりで切り盛りする女の子を見た。体ほどもある大きな鍋いっぱいの湯がどんぶらこと煮立ったところに、太い物差しのようなものを突っ込んで、体をしならせてかき混ぜる。五回、六回と混ぜると、湯は大きなうねりとなり、そこに、小さな餃子（ギョウザ）のようなものを放り込んでいくと、入れた順に行儀よく連なって渦のなかを舞っている。

餃子を入れてから混ぜるより、この方法のほうが皮がくっつかなくていい。以来私も、家で茹でるときは真似をしている。

家で茹でるといっても、私は東京に住むまで皮で包まれたものなんて食べたこともなかった。母が餃子や焼売（シュウマイ）を手作りしてくれた記憶もなければ、みんなで外食に出かけた覚えもない。

蒲田の〈歓迎（ホアンヨン）〉で初めて羽根つき餃子というものを食べたのは、二十代半ばのことだ。メニューには名物の焼き餃子だけでなく、水餃子から揚げ春巻き、小籠包（ショウロンポウ）までなんでもあって、それらを旺盛な食欲で平らげていく人々で店内は満席だった。都会というのは、こういう店を路地と路地の間に宝物のように隠し持っている。私が東京を好きな理由は、街のいたるところに折りたたまれた選択肢があるからだ。隅から隅まで歩き、ひだをめくって確かめてみたくなる。

故郷・富山の名誉のためにいえば、おいしい米と豊富な魚介類に恵まれた土地では、小麦粉で肉を包む食事はあまり必要とされてこなかったのではないかと思う。

いまや私は包むことに魅了されたひとりである。

夏の終わりに食べたくなるのは、こんなワンタンだ。

具はモロヘイヤと豚肉だけ。モロヘイヤはレンジで加熱してから包丁で叩いて粘りを出し、豚肉は使う直前に挽く。高い肉でなくて構わない。お買得になっているばら肉やこま切れ肉でいいから買ってきて、フードプロセッサーにかける。挽きたての肉は熟れた桃みたいな色をして粘り気があり、買ってきた挽き肉とは別物である。

挽き肉をボウルに移し、塩、胡椒、にんにく、生姜、醤油を加えて手でじゅうぶん練ったら、モロヘ

イヤを入れてよく混ぜる。スプーン一杯分を皮の真ん中にのせ、ぱったんと三角に折る。具はほんの少しだけにして、茹で上がった皮をロングのフレアスカートみたいに仕上げるのが上品な食べ方なのかもしれないけれど、貧乏性なのだろう、つい詰めすぎてしまう。

端の二点を折り込めば一丁あがり。皮のふちに水をつけなくても、粘り気のある具のおかげでちゃんと形になるから、ワンタンはいい。

大きめの鍋に湯を沸かし、数回かき混ぜてからワンタンをひとつずつ落としていく。茹で上がったワンタンを器に盛るときは、茹で汁も少し入れると、くっつかなくて食べやすい。準備は少し面倒だけれど、集中して一気に作ってしまえば、ほかにおかずはいらない。

ワンタンは歯茎でつぶせるくらい柔らかくなり、肉汁とモロヘイヤの粘っこくも涼やかな食感が舌から喉へ滑り落ちていく。ちゅるんという表現がぴったりのなめらかさで胃をさすり、ワンタンはビタミンとミネラルを抱えて体の深いところへ消えていく。ひとり十個はぺろりだ。

雲を呑んだあとは、雲のうえにも昇るように満たされた気持ちになる。ほかの粉ものにはない魅力である。

包んでいるとき、ひとは心を整えている。

ひとは肌に近いものほど心地よいと感じる。弱酸性を謳(うた)った石鹸に惹かれるのもそのためだし、洗顔には36度前後のぬるい水を使ったほうが心地よい。

食のなかで一番皮膚に近いのが、小麦粉でできた皮だ。

「小麦粉を耳たぶくらいの硬さになるまで練る」

レシピでこのような表現を目にして、耳たぶをつまんでみたひとは多いのではないだろうか。

指先だけで包むのではない。床を踏みしめて体幹を安定させ、全身の神経を連動させて包む。表面に粉を打った皮の触覚と、食材の芳香を感じる嗅覚。茹で上がりをチェックする視線、分け合って味わう時間——料理には五感をマッサージする力が備わっている。


このワンタン、中国北部を中心とした多くの地域では餛飩（フントゥン）と書く。どこかで見た字面だと思えば、偏を「氵（さんずい）」に変えれば混沌（こんとん）になる。実際、中国の古書には、「餛飩は混沌とした形からきたもの」という記述もあるそうだ。

小麦粉で肉を包む、これ以上ないシンプルな食べ物は、さまざまな慣習に適応し、地域性を身につけながら世界中に広がった。包むひとの数だけレシピがあり、その先には無数の人生がある。


［モロヘイヤと豚肉のワンタン *p.184*］

手のひらの祈り

原稿に取りかかろうと、このおむすびを撮影した日のメモを探してみたのだが、どうしても見つからない。事前に手描きのコンテを編集者と共有しているはずなのだけれど——と書こうとして、アッと思い当たった。

作る予定になかったレシピだったのだ。キッチンに面したバルコニーのプランターからは、よく育った大葉が溢れ出しているし、注ぎ足し注ぎ足ししているにんにく生姜醬油もあるから、気分が乗って、こしらえたおむすびだった。撮影のために用意したのではない、正真正銘、大好きな普段の味。にんにく生姜醬油に大葉を漬けて、しんなりしたところでごはんをくるむだけ。

作るのも気楽なら、育てるのも楽なのが、青じそ（大葉）という野菜だ。

ゴールデンウィークを過ぎたあたりから、そろそろ大葉の種を蒔かなければと、そわそわしはじめる。大葉はいったん芽が出たらぐんぐん伸びるが、虫がつきやすい。とはいえ丸ごと口に入れるものだから、農薬は使いたくない。私の家では、ウォッカに赤とうがらしとにんにくを漬けた自家製の虫除け液を作

って、葉に吹きかけている。おかげで毎年、収穫に困ることはない。むしろ出来すぎて大変なほどで、葉が硬くなる前に摘んでしまい、それでもすぐに消費できそうにないぶんは、にんにく生姜醤油に漬けておく。

にんにく生姜醤油というのは、にんにくと生姜の端っこをよく拭いてから醤油に放り込んでおいたもの。調理のたびに半端に残ってしまうにんにくと生姜の使い途として、醤油を注ぎ足しては、古くなった端っこを取り出し、新たな端っこを入れて……を繰り返し、冷蔵庫に欠かさないでいる。香味野菜の香りが醤油にじゅうぶんに移って勝手においしくなったものを、冷奴にかけたり、炒飯の味付けにしたり、とにかく何かと使える。

うだるような暑い日に、にんにく生姜醤油に漬けておいた冷たい大葉でごはんをくるんで朝食に出したら、まあ、なんとおいしい。食欲が万全でないときでも、すっと胃に収まっていく。お客さんが来る日はちょっと格好つけて、ひと口のおむすびにする。三角はおろか、洗練された丸にだってうまくむすべないし、大きさも不揃いなのは、母親のおむすびに似ている。

母のは、うんと大きな丸だった。流し台の前に立って、ぎゅう、ぎゅううっと力を入れてにぎっていた、見るからに働き者の手もとが思い出される。たくさんおいしく食べて欲しいという思いにつれて自然と大きくなるのが、おむすびというものではないか。

当時中学生だった姉が、弁当箱をシンクに出しながら、

「明日は小さくにぎってよ」

ぶっきらぼうに言いつけていたことを思い出す。

大きなおにぎりが恥ずかしいのは、大きな口を開けなければ食べられないからで、その背景には、気取りのない、ある意味では雑な、家庭環境が透けて見える。ある年代の、特に女の子にとっては、下着を見られるのと同じくらい恥ずかしいことだったのかもしれない。

私は母の味方をして、ゴン丸おむすびを支持した。生意気な末っ子だったけれど、母の作る食事にケチをつけたことはなかった。そのひとの尊厳を傷つけるには、料理をけなせばよいのだということを、大人になる前にとっくに知っていた。

最近の子どもは、ひとがにぎったおむすびを嫌がる——こういった記事を読んで、異常な潔癖症や、人付き合いの希薄さのせいだと結論づけるのは違うと思う。私だって、よそんちのおむすびは、嫌とまではいかないけれど、自分にはなじまないものだという感覚を明確にもっていた。だいたい、おむすびというものは、好きだから食べるとかそういうものではなかった。家のなかの食料を持ち出すには、ごはんを丸くして運びやすくするほかなかった。グルメなサンドイッチや、ましてや、アプリひとつで花見会場の公園にまで届けてくれるケータリングなど、なかったのだから。


気候変動を〈まだ可能性はあるにもかかわらず諦めるのは、早すぎないだろうか〉——『人新世(ひとしんせい)の「資本論」』(集英社新書)のなかで、気鋭の経済思想家・斎藤幸平はこう説き、気候変動に立ち向かう変化の目安として、生活の規模を一九七〇年代後半(まさに私が生まれた時代)に落とすことを挙げている。

そうなれば、ニューヨークで三日間を過ごすために飛行機に乗ることはできないし、解禁当日に空輸したボジョレーを飲むこともできない。そもそも、貧しい国の犠牲のうえに成り立つ高級グルメ、フードロス、それに、他人がＳＮＳに投稿した料理写真を見る時間が、自分が食事にかける時間よりも長いという現実はどう考えても異常なのだ。

これからの料理家の仕事とは何か。斎藤氏の提言を読んで、考える。

先日、ある撮影でちらし寿司を作った。ごはんは四合。具もたっぷり。食べきれなかったぶんをスタッフに持ち帰ってもらおうと、私がしたことといえば、残りをおむすびにすることだった。こういうことは、考えるより先に、手が動く。

時はコロナ禍。私はラップを取り出して、その上にごはんをのせて丸く形をととのえ、いくつかのおむすびをこしらえた。自分の手指で触れていないもんだから、ちゃんとむすべているのか分からない。やっぱりと思い直し、石鹼でよく手を洗って、素手でととのえた。翌朝の食卓に時間差で飛び出すギフトを仕込んでいるような、ワクワクする気持ちで。

そもそもが、傷み防止のための酢飯であり、梅干しであり、指先の塩である。それらは、米を安全に食べるために込められた祈りである。食材に触れ、誰かのことを思うとき、少なくとも、「どう生きてはならないのか」ということだけは、ちゃんと理解できている気がする。そこに、料理家が発信できることのヒントがあるのではないだろうか。

［大葉のおむすび *p.185*］

なすびの素肌

子どもの頃、夏に撮られた写真には必ず茄子が写りこんでいた。

台所の隅に設けられた土間の、洗い桶に山盛りになった茄子。麦わら帽子をかぶって遊んだ畑には、身長を追い越す高さの茎に、若い実がいくつもぶらさがっていた。

私より二十も年下の甥のアルバムにも、茄子が入ったバケツをひっくり返して遊ぶオムツ姿をとらえた一枚を見つけた。茄子は買ってくるものではなく、地から湧き続けるのではないかと思えるほど、そこらへんにたんまり転がっていたのだ。

茄子なんて他人行儀な書き方をしたが、私が子どもの頃はずっと「なすび」と呼んでいた。

なすびと聞いて、耳まで赤くなる思い出がある。

その昔、『ビバ!クイズ』という富山ローカルのクイズ番組があった。小学生を対象にした勝ち抜き戦で、一九七四年から一九九三年にわたって放映された長寿番組だ。

私は優勝者が集まるグランドチャンピオン大会にまで勝ち進み、上級生と競い合う早熟で好奇心旺盛

な、富山弁で言うところの「こわくさい」女の子だった。

追いついては引き離され、誰が優勝してもおかしくない攻防戦が繰りひろげられるなか、ある問題に私は全身の力を込めてボタンを押した。

「なすび！」

勢いよくこう答え、見事正解したのだった。

得意になって帰宅したその夜、家で放送を見ていた姉に、

「方言で答えるダラ（バカの意味）がおるけ」

といさめられた。りんごのほっぺの勇ましい女の子の丸出しの方言に、家族は恥ずかしさのあまり下を向き、大人たちはいかにも田舎の子どもらしいと笑ったに違いない。標準語では茄子と呼ぶらしい（と姉は思い込んでいた）こと、そして、私がいる場所は中心ではなく辺境らしいということを初めて知った十一歳の秋だった。

しかし歴史的にはなすび（奈須比）の語のほうがずっと古い。千二百年以上前に海を渡ってやってきたこの野菜は、平安時代の書物にも記され、高貴な身分のひとしか口にしないものだったという。それがどんな理由で茄子になったのかは、よく分かっていない。いまでは日本全国でおよそ二百種類が栽培され、夏の暮らしに欠かせない食材だ。

この茄子を味噌で炒めた「よごし」という料理がある。私が育った富山県砺波市の郷土料理だ。

薄く切った茄子を下茹でし、油で炒めて自家製の大豆味噌で味をつけたごく簡単な料理で、とりたててごちそうと思ったこともなかった。しかし、料理を仕事にするようになってからは、作れば作るほど、茄子がもつ不思議な魅力に引きつけられる。

茄子は縦半分に切ってから、厚さ二〜三ミリの半月切りにする。水にはさらさない。今の茄子はそこまでアクがないというのがひとつ。それに、下茹でして油で炒めれば、えぐみは中和されてしまう。たっぷりの湯でゆがくうちに、皮に近い部分がうぐいす色に透き通ってくる。この色を合図にざるに引き上げる。余分な水分とアクが抜け、茄子本来の――磨かれた素顔のような――食感と香りだけが残る。

粗熱が取れたら、小さなおむすびを作るようにして水分を絞る。フライパンに油を熱し茄子を炒りつけると、油を吸って張りが出て、かさが減ると同時に実がむっちり締まってくるのが箸を通して伝わってくる。余計な水分を追い出し切って、旨味はさらに凝縮される。火を止めてから自家製の味噌を加え、あとは余熱で全体に行き渡らせれば出来上がりだ。

たっぷりの湯のなかで泳がせ、味噌でよごしてなお味わいが引き出されるとは、茄子の力の厚みを思う。皮の照りと実の歯ごたえ、すっきりしたコクは、上質な肉にも負けない。

家族もあと押しする。私が茄子を洗っていると、東京生まれの夫だけではなく、小さな子さえも、

「よごし作るの?」

とうれしそうに私の周りをうろついている。

浅漬けから揚げ物まで、調理法はなんでもござれの茄子だけど、なかでも今の子どもたちに人気なの

は麻婆茄子だそうだ。

たしかに、肉も入ってボリュームがあり、ごはんも進むとくれば、忙しい親にとってはありがたい。食品メーカーのテレビCMの効果もあるだろう。

子育てしながら働いている友人の家に遊びに行ったとき、その麻婆茄子の素の山を見た。

「賞味期限が切れそうだから、持ってってよ」

こう言って、薄い箱をいくつか包んでくれた。聞けば、安いときにまとめて買っておくのだという。

どれどれ、せっかくだからと家で調理してみたが、どうしても調味料の味ばかりが勝った。

ねえ、こんなおかずもあるんだけど――自慢の郷土料理をお節介にも披露できる機会があったらいいのに。そんなふうに思うことが増えた。思わず箸を止めてしまうおいしさは、SNSでは拡散されない料理のなかにこそある。

私は子どもたちがよごしをほおばる姿を見るのが大好きだ。自分の子ども時代が肯定され、目の前で再生される喜びを、全身で感じられるからだと思う。

以前ツイッターでよごしを紹介したところ、語源について親切に教えてくれたひとがいた。

「おいしすぎて、夜を越さずに売り切れてしまうからという説もあります」

真偽は分からないけれど、なんとしゃれた理由だろう。私には、白いごはんをよごしてでも食べたいというふうに思える。ひと晩寝かせて味も肌も引き締まったよごしを、炊きたてのごはんにのせれば、茄子はほろほろと崩れて再び素顔を見せる。そのくらい白米と相性のいい、夏のごちそうである。

［なすびのよごし *p.186*］

こんなものしかないけれど

自宅にひとを招くときの肝は、はじまりと終わりにあるのではないだろうか。

お酒が好きなひとならなおさら、乾杯に合わせたひと口めが何よりの楽しみだ。ここでぐずぐずと何も出てこないと、喉と指先が疼（うず）く。

パリの郊外に暮らすあるファッションデザイナーは、インタビューでこう答えていた。

「お客様がある日は、庭から採ってきた無花果（いちじく）にチーズを添えてお出しします」

お酒は当然、シャンパーニュ。贅肉とは無縁の彼女の立ち姿は、この暮らしあってのものだろう。

庭から果物を調達することはできないけれど、代わりに私が用意するのは、人数×2カップの一番だし。ここに旬の食材と、少し驚かせたいという遊び心を掛け合わせれば、おいしさの方程式は解ける。

春なら、絹さやそら豆なんかをだしでさっと煮たものをまず食べてもらう。夏は冷たい茶碗蒸し。とうもろこしのすり流しもいい。秋はきのこ。二、三種類をだしで煮て薄口醤油で味をつけ、菊花を添える。冬は小さな餅を焼いてだしをかけ、海苔を散らす。温かいものでまずおなかを落ち着けると、案外

喜ばれるものだ。

残りのだしは締めに取っておく。味噌汁、煮麺、だし茶漬け——なにを作るかはそのとき任せ。いずれも、だしを支えにして旬を味わう、私なりのおもてなしだ。

なんのことはない、いつもより丁寧にだしをひき、あとは旬の食材を少し奮発して買ってくるだけ。食卓の延長線上にあるメニューだから、レシピ本をひっくり返して大騒ぎすることもない。

何年か前のこと、結婚したばかりの先輩の家に招かれたことがあった。

先輩の伴侶となったひとは、有名な料理家の教室に何年も通っているという。四季をふんだんに取り入れることで知られたレシピを分けてもらえると思うと、手土産のワインを選ぶ財布の紐がゆるんだ。

ワインを飲みながら料理を待つ。しかし、待てど暮らせど、伴侶さんも奥に引っ込んだままだ。

ずいぶん長く感じられた時間を経て大皿で出されたのは、豆と挽き肉をトマトソースで煮たスパイシーな料理。チリコンカンという名の料理であることを、先輩の説明で初めて知った。そのあとに出されたサラダを見て、このセロリに塩でも添えて、最初に出してくれたらよかったのにと思った。

ひとさまのことを書いておきながら、ホストとしての私はどうかというと、背筋を伸ばしていられるのは九十分が限界。あとは酔ってしまって、あまり使いものにならない。

しかし、料理がおもしろいのはここからだ。

空になった冷蔵庫におでこを突っ込んで、

こんなものしかないけれど

「こんなものしかないけど」

こう言い訳しながらの料理ほど、ざっくばらんで楽なものはない。

こんなとき、手のほうがずっと冴えている。野菜の切り方を工夫してみたり、意外な調味料を組み合わせたりして、頭脳より率先して即興をはじめてしまうところがある。毎日生活を仕切っている手には、段取りが染みついているのかもしれない、

「へべれけでも、ちゃんと料理できるもんだねぇ」

あきれているのかおもしろがっているのか、友人が口を揃える。

このレシピもそんな即興から生まれたひとつ。

まず、冷凍のごはんがある。一番だしを残してある。焼きおむすびなんてどうだろう。野菜室にはみょうがも転がっているし、さて——。

みょうがは香りが強い先端から小口切りにする。さっと水にさらしてから丁寧に水分を取ると、輪郭が際立つ。その間に、おむすびに味噌を塗ってガス火で焼いておく。小鍋でだしを温めて醤油でととのえ、片栗粉を溶いてから、みょうがを加える。香ばしく焼き色がついたおむすびにみょうがのあんを注いで、テーブルへ運ぶ。

ただ香るだけではない。みょうがの清冽（せいれつ）に匂い立つ香味が、酒で灼けたのどを潤し、とろみに乗って塩気を体じゅうに行き渡らせる。

熱い汁物で温まった体からは、そのうち熱がすうっと抜け、夜の風を頬に感じる余裕が出てくる。早

い夕方からはじまった小さな宴は、気がつけば、遠い闇から蟬の声が降ってくる時間になっている。

夜はこれから——リモンチェッロもグラッパもある——というときに、へべれけなりの意志を発動させて宴をおひらきにしてしまう。子どもが産まれてからは、夜のはじまりも終いも、早くなった。

友を送り出したあと、十時には眠りにつく。脈打つこめかみを中指で押さえながら、タオルケットを脚に巻きつける。みょうがの香りが、まだ薄く鼻の奥にいる。

「あれは、なかなかおいしかった」

短く、濃く飲んだ夜を思い返す。

うんと若かった頃、うだるような夏の夜に、恋人に鯛しゃぶを作ったことがあった。丁寧にだしをひいて、夏の薬味をたっぷり添えて。

恋人の額に噴き出す大粒の汗を見てはじめて、クーラーの効きが悪くなっていることに気がついた。夏に鍋物を出すなんて、妙なひとだと思われたのかもしれない。関係はぼんやり消えてしまった。きっと雑誌かなにかで見て、おしゃれなレシピだと飛びついたのだろう。慣れないごちそうを作って、私は自分自身ではない誰かになろうとしていた。相手に緊張も強いただろう。胸襟を開いて暮らしに招き入れることが、一番のおもてなしであると知ったのは、たくさんの失敗を経てからだ。

普段着のままで。これが、むずかしい。けれど、せめて短い夏の夜なら、薄着の気安さに背中を押され、鎧(よろい)を脱ぐことができるのではないだろうか。

[焼きおむすびのみょうがあんかけ p.187]

永遠の火

夏は天ぷら。

この季節の野菜は、どう食べてもおいしい。それでもやっぱり、高温の油で一気に水分を蒸発させる天ぷらが一番だと私は思う。

家じゅうから揚げられそうなものを集めて、いっぺんに揚げてしまう。ゴーヤやオクラからはじめて、中盤はとうもろこしのかき揚げ、そして最後は子どもの手のひらほどもある鶏天。仁王立ち、炎に頬をさらして、迷いのない手つきでやっつけていく。

以前、名人と呼ばれるひとを取材したとき、

「ほら、音が変わるのが分かるでしょう？」

油を見つめながらこうささやかれた。その店では天ぷらの神様の邪魔をしないよう、食通たちが静かに待つのだから、わずかな音の違いを聞き分けられるのかもしれないが、自宅ではそうもいかない。

その代わり私が分かるようになったのは、重さだ。箸で持ち上げたときにふっと軽くなる感覚で、水

分が抜けてちょうどいい頃合いになったことが分かる。家で揚げたてを食べたいという食い意地があるから、失敗しても諦めずに挑戦してきた。そうして学んだ天ぷらのコツは三つ。衣をよく冷やすこと。粉を練らないこと。揚げる前のセッティングを完璧にすることだ。

そんなふうにして揚げ物の自主練習をしていたときのこと。あるオンラインショップで見つけた大皿に、ひと目惚れをした。

器の作り手は仲村まさひろさん。沖縄のどっしりした土のうえに白い模様を大胆に施した八寸皿で、やちむん（沖縄の言葉で焼物のこと）のなかでもイッチンと呼ばれる種類であることを初めて知った。

いったんお気に入りに登録し、どれどれと解説文へ進んだ。と、添えられた文章に胃を弾かれたような痛みを感じ、その日は明け方まで眠れなくなった。すごいものを読んでしまった。そう思った。

そのオンラインショップは〈みんげい おくむら〉という。店主を務めるのは奥村忍さん。

仲村さんの器の紹介の欄には、このようにあった。世の中には軽くて使いやすい、なんにでも合わせやすい器というものがある。しかしこの器は重くて、形も歪（ゆが）んでいるところがある。物としての器の話でいえば、ここでおしまい。だからこそ使うひとを選ぶ……正確な表記は割愛するが、ざっとこのようなことが書かれていた。あまり売る気がないようにさえ、そのときは見えた。

使いこなせるひとだけどうぞ――歓迎か、門前払いか。奥村さんの言葉に、見透かされ、叱られたのだった。

私はＳＮＳがきっかけで知られるようになった料理家として、〝ワーママツイッタラー〟など料理と関

係ない語彙で取り上げられることも多くあった。そのたびに、自分ではない誰かの話のように感じた。いくつかの中傷を受けたこともあったけれど、そこにはいつも、私は料理の仕事だけをしているわけじゃないという逃げがあった。そんな宙ぶらりんな身で読んだ奥村さんの言葉は、胸にずんと響いた。器の写真をスマホに保存し、私はこの器を買ってもよいだろうかと自問しながら何度も見た。

十日悩んで、買った。

届いてすぐに、この器のことをすごく好きになるだろうと確信した。まず重さに驚き、それから次々といろんな姿に気づいた。厚み、静けさ、無垢、奔放。作家の手と火によって永遠の形を得た土が、手の中にあることに興奮した。生々しい感情を引き出す器なのだ。

天ぷらを盛ってみたら、想像していた以上に抜群だった。太った野菜をしっかり受け止め、しかも料理と溶け込んでいた。次は何を作ってやろうかとアイディアが湧いてくるこの器は、私の暮らしだけでなく、料理を作っていく覚悟まで変えた。

こうなるといよいよ、奥村さんというひとを知りたくなり、思いきって会いに行くことにしたのだ。

奥村さんは国内外のさまざまな土地に足を運び、手仕事の器や道具を買い付けている。仲村さんに出会ったのは十年近く前だそうだ。

仲村さんは沖縄に生まれ、読谷村（よみたんそん）の北窯（きたがま）で修業を積んだあと、沖縄本島中部の金武町（きんちょう）に窯を構えた。作陶に必要な土も水も、稲藁も、マンガンなどの鉱物も、すべて沖縄の素材を使う。昔ながらの登り窯でいちどに焼かれる器の数はおよそ千個。焼きは１３００度の火で三日間続き、火を落としてから熱を冷ますためにさらに一週間を要する。薪火に支配された世界は、人知のコントロールの及ぶところではない。窯焚きが終われば、窯の補修や草刈り、土作りまで、すべてひとりでこなす。

厳しい作陶から暮らしに視線を移せば、郷土の料理をざっかけなく盛って酒を囲む、綿々と続いてきた人々の生活があった。四人家族にとって八寸皿は大皿だが、沖縄にはもっと大きな器で食卓を囲む、大きな家族がいた。仲村さんは、沖縄が歩んだ近代化への道のりを知る数少ない作家でもあるのだ。

奥村さんのような存在なしには、作家の声を聞くことはできない。原始、火は食べる喜びや畏れと常につながっていた。喜びの火を燃やし続けることは、陶芸家と料理家の共通の役割ではないだろうか。

西暦二〇〇〇年に家庭料理は滅びる——十九世紀の終わり、フランス人化学者のマルセラン・ベルテロはこう予言したが、あいにく、家でちゃんと料理を作りたいといううねりは鎮火されるどころか勢いを増している。

ある日、キッチンで天ぷら鍋を強火にかけていたら、窓から吹き込んだひとすじの突風が私のスカートを一瞬で翻した。引火していたかもしれないと思うと、今でも背筋が冷たく縮む。

火があり、水があり、刃がある。台所は恐ろしい場所だ。だからこそ、火を手なずけて、力がみなぎるものを作りたい。

揚げては平らげ、大の字になって、昼寝でもしてこの季節を太く生きる。世界から永遠の火・聖火が消えてしまった二〇二〇年の夏。短く、暑い夏だ。

［真夏の天ぷらと素麺 *p.188*］

冷たいスープを一ダース

異例の六月に行われた入学式を経て、小学一年生の短い夏休みが終わり、二学期がはじまった。夏休みの間、子どもは近所の児童館で過ごした。となると持たせなくてはならないのが弁当だ。

私はこの弁当作りというのが苦手で、できることなら避けて通りたいと思ってきた。傷みやすい食材や調理法は厳禁。濃いめに味をつけ小さな箱におかずを詰めていく作業は、作りたてを味わう家庭の料理とは違う頭の使い方が必要だ。

しかしもう逃げられない。まず、弁当箱を仕入れるところからだ。

ネットをうろついたけれど、確信できるものがない。菜箸でおかずを詰める重量と、使いこなしているイメージがつかめないのだ。結局私は、近所の雑貨店をまわってみることにした。

弁当箱というのはたいてい四角い。角を少しずつ丸くしていった楕円形というのも、四角に次いで多いけれど、弁当箱が怖い私にとってはどちらも平面を埋めることに変わりない。どれもこれも同じような顔をして！　と弱音を吐きそうにもなった。

そんなとき、ふと入った雑貨店にいいものがあった。

直径7、8センチほどの丸形の弁当箱が三つ、縦に連結されて円柱になっている。〈汁が漏れにくい〉との説明書きに、むむっと一歩踏み込んだ。三つの小さな容器は、それぞれがゴム付きのふたで密閉できるようになっていて、一番上には持ち運びしやすいよう取っ手がついている。

ごはん、汁物、おかず。ふだんの食卓を再現できる、夢のような三段弁当——移動式の一汁一菜——が見つかったことにほっとして、夫にLINEで報告してしまったほどだ。

うれしさの根っこにあったのは、三十年も前、父の弁当箱の記憶だ。

今はほとんど見かけなくなった、ふた付きの頑丈なバケツのような容れ物に、ごはん、汁物、おかずが小分けにして詰められていた。

熱っぽくて小学校を休んだ日は、自営だった父の仕事部屋をうろうろして、弁当をあける瞬間に立ち会うのが好きだった。汁物——たいてい味噌汁だった——からは、まだしっかり湯気が立っていた。

弁当はかつて独立した荷物だった。それがだんだん薄く小さくなってカバンの底に納まり、他人からは見えなくなった。そのぶん進化したのが、中身の芸術性だ。書店のレシピ本コーナーを少し歩けば、この国が弁当に燃やす情熱が分かる。

思えば食卓にも弁当にも、母は汁物を欠かさなかった。その影響かもしれない、私は今でも、買ってきた惣菜を温めるだけの夕飯にも、汁物くらいは作ろうと重い腰をあげる。もちろん、弁当にも。言っ

冷たいスープを
一ダース

てしまえば、おかずなんてなんだっていい。しかし汁物がないと、わびしいのだ。

お椀にとろろ昆布をひとつまみ入れて醬油をたらし、湯を注ぐ。これは、私が記憶している母のもっとも古くて簡単なレシピ。きゅうりをすりおろして氷を浮かべ、醬油と酢をたらす。これだってスープ。こと汁物作りに関しては、ちょっとずぼらなくらいのほうが名人になれるのではないだろうか。


一汁一菜タワーを手に入れた私は、俄然、弁当作りが楽しくなった。

とくに汁物だ。突き詰めれば、水と旨味の組み合わせ。この型を満たし、かつ冷たくても満足できるレシピを編み出すことに腕が鳴った。

例えば、アボカドで作ったこんなスープ。

角が立ったアボカドもおいしいけれど、熟れて形をなくす寸前のところを食べるのも好きだ。半分に切って種を取り、中身をスプーンでくりぬいて、泡立て器で滑らかにする。〝森のバター〟の異名をもつアボカドなら、本物のバターみたいに泡立て器でほぐしてもいいんじゃないかと思いついたのだ。水を足して扱いやすいゆるさにのばしてみたら、悪くない。

塩気にはしょっつるを、コクを出すために水ではなく生クリームを足す。酸味には、カクテル用に買ってあったライムを使う。同じ酸っぱさでもレモンより丸みがあり、アボカドの風味がよりふくらむ。じつはこのレシピには下敷きがある。もともとは、さいの目に切ったアボカドにライムを搾(しぼ)って、しょっつるをほんの少しかけ、ギムレットやジントニックの肴にするのが好きだったのだ。弁当作りにも活かせるとは、酒飲みの知恵も捨てたもんじゃない。

多めに作って冷蔵庫にしまい、夜、スープをアテに一杯飲む。これは、とびきりの副産物。

今では一年じゅうスーパーに並ぶアボカドだけれど、原産は中南米。だから日本でも、夏から秋に食べるのが理に適っていると思う。分類としては果物。脂質の多さに怯（ひる）むが、脂質こそがおいしさを支えている。


短い夏休みの間に、いろんなスープを作った。喉ごしよくつるっと飲めるよう叩いたオクラを入れてみたり、トマトと玉ねぎを焼くように煮て、コンソメで味付けをしたものもあった。すべて冷たいスープ。その数、十二。朝の日課にやっと慣れてきた頃、夏休みは終わってしまった。

太陽を恐れない子どもたちは、ひと夏で柴犬色になった。代謝がいいから、するんと脱皮するようにもとの色に戻るだろう。その頃には、温かいスープの季節がめぐってくる。夏の間忌み嫌った湯気に、部屋じゅうが包まれるだろう。

心はもう、冬休みのお弁当デイズに向け足踏みしている。かぼちゃ、れんこん、きのこにさつまいも。売り場に並ぶ野菜がポタージュに見えるのは、気に入りの弁当箱を手にしたからだ。季節と競い合って旬を追いかける脚力が、生を前へ、前へと運んでいく。


［アボカドとライムの冷たいスープ *p.189*］

家飲みを助ける、6つのアイディア

ひとが遊びに来るときにどんなものを用意すべきか、悩む方も多いだろう。

季節の行事があれば、一緒に味わいたい。春なら雛祭りやお花見、夏なら暑気払い、秋は月見、冬はクリスマスやお正月、節分など。

私の頭の中にはこういうときに便利な対応表がある。

①季節の魚と薬味
②野菜の和え物
③野菜の揚げ物
④野菜の炊き込みごはん
⑤汁物
⑥スペシャル

①から⑤は、その季節の旬の食材を当てはめればいい。⑥は文字通り、歓声があがる旬のスターを指す。春は竹の子、夏なら茹でたての枝豆といったふうに。

秋なら、例えばこんなお月見のおもてなしはどうだろう。①は戻り鰹に大葉、みょうが、生姜を挟んだもの。薬味のレパートリーは、多く持っておくと身を助ける。②は里芋を蒸して潰し、熱いうちにバターと白味噌で和えてある。⑥は満月を模して、黄身を酒に漬けた一品（写真のお膳の左上）。

お酒は遊び心のきかせどころ。ゲストの故郷の酒を用意するのも喜ばれる。この日は、あえて月尽くし。力強く、かつ飲み疲れない「月の井」を選んだ。

締めは栗ごはんを炊いてきのこの赤だしを添えれば、もう家飲みは怖くない。

秋

烈しかった西日が薄まり、
足の裏に新しい涼しさを感じる。
ぬか床は冷蔵庫から出し、
花瓶には冷たい水を張る。
芋栗南瓜の初物はにぎやかで、
茄子や瓜の名残も息が長い。
秋の台所は、人を欲深くする。
手間ひまをかけて、なんだって
うまくこしらえたくなる。

左党のおやつ

銀杏やむかごなどの小さな実。涼しい風に吹かれた干物。ここにひやおろしがあればじゅうぶんだ。女の子は芋栗が好きだろうからと、有名なお店のスイートポテトやモンブランを差し入れてくれるひとがいる。私は見るだけでお腹がいっぱいになってしまって、あとでこっそり職場のひとにあげてしまう。若い頃は今より左党ぶっていて、会社で甘味にパクつくなんてという頑なところもあった。

思い返せば、いも掘りや焼きいもなんて学校行事も、大して好きではなかった。

通っていた富山の小学校では、専用の畑でさつまいもを育て、体育の数コマを費やして収穫するのが恒例で、数日前から児童たちが落ち葉や枝を体育館の裏に集めておく。体育が苦手だった私にとっては、競わなくていいぶん、いくらかましという程度のことだった。

しかしそんな私でも、さつまいもを火に放り込んだあとに楽しみがあった。

辛抱できずホイルをはがしてしまうと、まだ食べられたもんじゃない。お手つきを叱られた子どもたちは、焚き火にいもを戻す。しかし芯に向かって進んでいた緊張の火は、ホイルを解かれたが最後、ぷつりと切れてしまって簡単には元に戻らない。

待ちくたびれ、日も暮れようかという頃、隅っこに転がったさつまいもを救い出してみれば、少し焦げた皮がぱっくりと裂け、天に向かって湯気を刺す。だいだい色に蒸されたいもが顔を出すと、火へのワンダーで胸がいっぱいになった。

うんと大人になってからは、きっかけは覚えていないけれど、多摩川・六郷土手のどんど焼きを見にいくようになった。毎年一月の第二日曜日に、人々がお正月の松飾りやしめ飾りを持ち寄って火にくべ、その火でさつまいもを焼く。

なんせ一年でいちばん寒い季節だ。奥歯をカタカタ鳴らしながら待ち、そうして焼けたいもを、知らないひとと肩寄せあって食べる奇妙な時間。すべて燃えてしまったあとの、土手の静けさ。

待つということは、おいしさの大切な構成要素である。ちゃんと待てたひと——それは分(ぶん)をわきまえられるとも言い換えられる——だけが手にできる蜜というものはたしかにあると、まわりを見ていて思う。焼くというのは、案外難しい調理法なのだ。待つことが難しいように。

さつまいもを頻繁に料理するようになったのは、子どもが産まれてからだ。

きっかけは離乳食。蒸してペーストにするにも自然の甘みがあってほかに調味料がいらないし、子どももたくさん食べてくれた。以来、よく買う食材のひとつになった。

子どもは胃袋がまだ小さいから、日に何度も食べる。ならば食事と食事の間のおやつにも、家にある

食材でなにかこしらえてやりたい。そんなときにも、さつまいもはぴったりだ。

さつまいもを鍵盤ハーモニカの鍵盤くらいの大きさに切って水にさらす。フライパンに油をひいたら、重ならないように並べてふたをする。弱めの中火でゆっくり火を通し、三、四分経ったら違う面を下にし、ふたをして焼き、また違う面を下にして……十五分ほどかけて四面を焼く。このときローズマリーの枝をのせて香りを行き渡らせる。いったん火を止め、はちみつを水で溶いて流し入れる。再び火をつけて蜜を絡めたら、最後にミルで塩をがりっと挽く。ちょっと豪勢にしたいときは、バニラアイスを添えて。大人も子どもも大好きな、甘じょっぱいおやつである。

書いてみると見えてくる。これは大学いもに属するおやつだ。揚げてはいないが、フライパンでカリカリに焼くし、ローズマリーと塩は、それぞれごまと醬油の代わりということになるだろう。

じつは、このレシピの撮影を控えた九月のある日、初めて財布を落としてしまった。

翌朝、聞いたこともない交番から電話があり、おそらくそれと思われる財布が見つかりましたと言う。地図で調べて北馬込へ向かい、いくつかの手続きを経て無事に財布を取り戻した。

誰に叱られたわけでもないのに、お天道様を見上げられない情けなさと、一円も欠けることなく戻ってきた奇跡の間に、私はぼんやり立っていた。

ありがとうございましたと頭を下げて通りに出る。と、道路を渡った先に〈甘藷 生駒（かんしょいこま）〉と書かれた看板が目に入った。すでに開店しているらしく、スタッフが忙しく立ち働く姿が見える。

陳列ケースの中央には、どんっ、大学いも。土曜の朝早くから住宅街で大学いもを売る店というだけで、なんだか得がたいものに思え、命拾いした財布からいくらかを落として帰った。

「大学いも」

うちに帰り、ぶら下げた袋を振って見せると、モンブラン好きな夫の尻が椅子から三センチくらい浮いた。

初めてのおいしさに、私たちは無言になった。

タレはごく薄く、均一にさつまいもに絡み、甘さはほんのり遠くにつかまえられるくらい。そして、切り方。大学いものおいしさを支えているのは、乱切りによって生まれる多角だ。どこをかじっても歯が角に当たり、それが独特の歯ごたえを生む。私が鍵盤のように切るのも、理に適っていたのだ。

スマホで検索してみると、大学いも界では知らぬ人はいない有名店だった。手ぶらで出かけ、右手に財布、左手には東京屈指の大学いもをちゃっかり持ち帰ったというわけだ。

左党（左利き）の呼び名は、鉱山で働くひとたちが右手に槌（つち）、左手にノミを持っていたことに由来する。ノミ手はもちろん、飲み手へ通じる。

飲み手は待たされることが嫌いだ。旬の食材に少しだけ手をかけた、気の利いた酒肴こそが華。その左党の物腰をもやわらかくする、甘さとしょっぱさの両刀が、このさつまいものおやつにはある。

［甘じょっぱいローズマリー焼きいも　p.190］

眠るれんこん

おせちのお重に入る食材には、さまざまな願い事が割り振られている。

れんこんが担うのは、見通しのよい未来。けれど、わが身を振り返ってみると、おもしろいことは全部、見通せなかったことにこそあった。

山海の幸にひとの一生を映した祈りのなかには、子だくさんや立身出世など、今日では無茶だと思えることもある。しかし、食べることを通じてより明るいほうを向こうとする心は持ち続けたいと思う。

このれんこんの穴、日々の台所においてはとても使い勝手がよくて、正月限定の語りぐさにするにはもったいない。鉄のフライパンのうえでは、厚く切ったれんこんの穴——真ん中にひとつ、まわりに九つばかり——は火の通りを早くするのに便利だし、うんと薄くスライスすれば、薄氷のような歯ざわりを生む。こんな野菜はほかにない。

薄く切っておいしいものの筆頭は、甘酢漬けだ。

向こうが透けるくらいに切って、さっと下茹でし、酢に砂糖を溶かした甘酢に漬ける。味見がてらつまめば、シャクシャクという涼しい破裂音が口内に鳴る。

　この甘酢漬けを、私はいつからかちらし寿司に入れなくなった。

　理由は、子どもがまだ小さく、硬いものや酸っぱいものを避けていたのがひとつ。それから、ちょっと地味だなと見くびってもいた。比較の対象になるのは、錦糸卵やイクラ、マグロ、アボカドなど、色とりどりの具材である。


　あるとき、子どもの誕生日にちらし寿司を作ろうと買い物に出かけ、売り場に立派なれんこんを見つけた。身はむちむちと張り、今まさにすぱんと切ったように真っ白だ。見慣れない品種だと思ったら、佐賀の有明のほうからきたものらしかった。ああ、そうか、甘酢漬けっていう手もあるなあ——久しぶりに作ってみる気になった。

　酢飯にまずしいたけの甘辛煮を混ぜ込み、刻み海苔、錦糸卵の順に散らす。ふかふかの土台がととのったところで、あとは好きな具を散らす。赤や緑や黄色の隙間に、銀杏(いちょう)切りの甘酢漬けを差し込んでいく。コツは等間隔を保ち、同じ向きに並べて配置していくこと。寿司の大海原に顔を出す青海波(せいがいは)文様のようで、格がぐんと上がる。

　れんこんは味覚にも視覚にも一服の清涼剤になる。口に含んだときの歯ざわり、音、すっぱさ。れんこんの混じりけのない白さは、余白を生む。余白は美しさであり、寿(ことほ)ぐ日のメニューには欠かせないものだ。恥ずかしながら、自分で作って、見て、食べてみて初めて腑に落ちた。

ハレの日のれんこんのおいしさに対して、私が好きなのは、うんと厚く切ったれんこんだ。

れんこんは皮付きのままよく洗い、厚さ二〜三センチに切って水にさらす。その間に、にんにくとアンチョビを細かく刻んでおく。

フライパンに油とにんにくを温め、水気をよく拭いたれんこんを並べて中火でじっくり焼く。三分ほど経ったらひっくり返し、穴から油が小さくはじけるくらいの火力を維持してさらに焼く。竹串を刺してみて、もう少し焼きたいというところで、アンチョビの出番。みじん切りしたアンチョビを加えて混ぜ合わせ、火を止めてふたをする。

アンチョビを最後に入れるのは、せっかくの身が乾いてしょっぱくなることを避けるため。軽く火を通しただけのアンチョビは、レアなやわらかさを残し、発酵の香りが高く立つ。家ではテーブルのうえを片付けたり箸を並べたり、なにかとやることが多いから、おいしさの頂点で食べるためには、余熱を味方につける調理法を知っておいたほうがいい。

皿に盛りつけたら、胡椒をたっぷり挽いて出来上がり。多くを説明せずに、テーブルへ運ぶ。

食べたひとはみな、れんこんのおいしさに唸る。そもそもれんこんへの期待値が低いもんだから、食後の評価は伸びしろだらけ。かくいう私も、炒め物に入れるうちに、もっと厚く、もっと厚くと、どんどん厚切りにするようになり、そのうちれんこんだけを焼くようになった。この時期のれんこんはホクホクして軽く糸をひき、成熟した香りが熱とともに溢れ出す。ステーキと呼びたくなる存在感である。

薄くても、分厚くても、おいしい。

このおいしさの正体が、根っこではなく地中に伸びた茎だというからおもしろい。れんこんは泥田のなかで育ち、重労働による収穫を経て市場に出回る。茎は節で連なっていて、それが根のように下方ではなく横に広がる。これを引き上げるのが、うんと骨の折れる、かつデリケートな作業なのだ。

そもそもれんこんの穴は、土のなかで呼吸をして養分を通すための生命線である。一番上に咲くのは、ご存じ、蓮の花。夏の早朝、数時間だけ開き、あっという間に閉じていく。泥水に立ってなお美しい健気(けなげ)な姿は、苦境のなかでも清く生きる姿になぞらえられ、多くのひとの眼をなぐさめてきた。

九月を過ぎると蓮の葉はすっかり枯れ落ち、酸素の供給がストップする。こうなると、れんこんは肥大化もせず腐食もせず、甘さを蓄える態勢に入る。収穫されて陽の光を見るその日まで、泥のなかで待ち続ける。

見通せない未来を受け入れて耐えるのは、れんこん自身なのだ。もうすぐ師走、一年でもっともれんこんが出まわるシーズンがやってくる。

［れんこんのステーキ p.191］

眠る
れんこん

香りを喰む

野菜を洗ったりちぎったりしながら、生で食べたらどんな味だろうと考える。

カリフラワー、かぼちゃ、ほうれん草、れんこん。薄切りにして手早く口に運び、あっちを向いてあくびするふりをして味見をする。どうしたわけか必ず子どもが目敏く見つけて、

「いま食べたそれ、なに」

向こうの部屋から唇を尖らせ、あっという間に台所へやってくる。こんなところまで、子ども時代の私にそっくりだ。

これはおいしいと驚いたのが、生の小松菜だ。水に通してちゃっちゃと振って水気を切り、夢中で何枚も葉を食べてしまうこともある。

火を通せば、おひたし、ごま和え、味噌汁の具に。辛子和えにしてもおいしいし、油揚げと一緒に煮てこれほど合う組み合わせはない。ほうれん草と人気を二分するが、香りのよさとアクの少なさでは小松菜に軍配が上がる。秋の深まりとともに葉はぴんと張り、いっそう甘みを増していく。だからこその、

生食の提案である。

私がおいしいと思う食べ方を紹介する。

小松菜は根本の泥までよく洗って、布巾を軽くぽんぽん押しあてて水気を丁寧に吸い取る。水っぽいと味がぼやけるし、かといって強く拭きすぎてもいけない。洗顔後の頬だと思って触れる。

葉と茎の境目でぽきんと折り、葉も茎も食べやすい大きさにちぎる。ボウルに入れてごま油を回しかけ、葉を潰さないよう気をつけながら、指を使って一枚一枚を油の膜でコーティングするように和える。独特の葉の香りに、白い純正ごま油がよく合う。

皿いっぱいに小松菜を敷き詰めたら、生のマッシュルームのスライスとすりおろしたパルミジャーノ・レッジャーノを散らす。レモンを搾りかけ、仕上げに粗塩を散らす。

葉脈を断たれた小松菜の濃い香り。じゃりっとした塩の舌触り。パルミジャーノの乾いた口溶け。小さく舌を刺すレモンの酸。すべてが口のなかで混ぜ合わされることで調理が完成する。手で和え、舌のうえで転がし、嚙むことで生まれるおいしさ。自宅でだからこそ作れる、即興のサラダである。

自分の感覚を信じていなければ、こんな食べ方はできない。

そう思わせてくれるひとがいた。

出版社に勤めていた頃、サラダになにをかけるかという話題になったことがあった。他の編集者やライターたちも集まってきて、やれここの有機人参ドレッシングがおいしいとか、あの店のオリジナルを

長年愛用しているだとか、ドレッシング談義は思いのほか盛り上がった。と、そのとき、

「ドレッシング、買ったことないかも」

先輩が、デスクで原稿を書きながらこう答えた。

「オリーブオイルと塩胡椒と酢で作る。うちはずっとそう。お義母(かあ)ちゃんもそれが好きだし」

こう言って指を動かし続ける。

先輩は配偶者とその母親とも一緒に住んでいると聞いていた。「うち」と「ずっと」の二語の向こうに、安心できるねぐらや温かな食卓といった、確からしいものの形を思った。ふたりの他人と暮らしを築き、サラダをひんぱんに食べていることも、当時二十代前半だった私の目には特別に映った。なにより、自分の舌を信じて最小限の調味料でやりくりしているさまが、身軽に感じられたのだった。あのとき抱いた憧れは、今もはっきり覚えている。

私の家にも、もう何年も市販のドレッシングがない。

サラダを作るときには、いくつかの調味料と季節の柑橘(かんきつ)類を見繕い、野菜にかけて、指か菜箸で和える。この小松菜のサラダは、どこか木の実のような甘い香りとほろ苦さが、ただもう、うれしい。栄養価の高さや、ビタミンCと一緒に摂ると吸収率がどうのという話は、あとから頭で味わう情報のひとつだ。

小松菜はミントと「おしゃべりをしている」という説がある。

東京理科大学・有村源一郎准教授のチームが、ミントを小松菜の近くに植えると、虫がつきにくくな

るという研究結果を二〇一八年に発表した。

ミントは小松菜に「害虫がきたよ、気をつけて」という情報を伝え、小松菜はミントの香りを感知すると、害虫が自分を食べにきたと思い込み、害虫がお腹を壊すタンパク質を生成しはじめる。ミントのおしゃべりを、小松菜がキャッチするというわけだ。このやりとりは、「立ち聞き」(英語ではeavesdrop)と呼ばれれっきとした科学用語である。

小松菜を助けたミントにはメリットはなく、得をするのは小松菜だけ。淘汰の激しい自然界でも、どちらか片方だけが得をする関係性というものは実際にいくつもみられるという。

試しにうちでも、小松菜の隣にミントの鉢を置いてみた。葉には虫に喰まれた跡はなく、確かに前年より立派である。香りと味わいはまだまだプロによる栽培のようにはいかず、どちらかというとクレソンのようだが、それでも心地よい苦みをまとっている。

小松菜はどうやってミントの声をつかまえたのか。

ミントはなぜ小松菜に見返りを求めないのか。

ひとひとの照らし方、照らされ方と同じように、野菜の生きざまもまた不思議なものである。


[小松菜とマッシュルームのサラダ *p.192*]

二日めのかぼちゃ

夏目漱石の『坊っちゃん』には、主人公が英語教師を、蒼くふくれた唐茄子(とうなす)、とくさす場面がある。茄子紺色の間延びした顔の男なんだろうと思っていたけれど、そうではなくかぼちゃのことだと私が知ったのは、ずっと大人になってからのことだ。

主人公は顔が蒼くふくれたひとを見ると必ず「うらなり（時期が遅くなってから蔓(つる)の先に実ったもの）の唐茄子を食った酬(むく)いだと思う」というのだから、かぼちゃもずいぶん不気味なたとえに持ち出されたものだ。しかし考えてみれば、たしかに茄子などよりもかぼちゃのほうが適役かもしれない。ぽこんと小突いてみたくなるような、面の皮が厚くて鈍そうな小憎たらしさは、かぼちゃでなければ表現できないような気がしてくる。

唐茄子のほかにも、南京、ぼうぶら、南瓜——かぼちゃには多くの呼び名や表記がある。いずれも海の向こうの国々にゆかりがあり、しかも、もともとはポルトガル船の寄港地だったカンボジアがつづまったものだというから、名前ひとつとっても不思議な野菜である。

この夏、初めてかぼちゃを育てた。調理のたびにスプーンでくり抜いては捨ててしまう種を、ずっと後ろめたく思っていたのだ。遊び半分で子どもと一緒に植えてみたところ、どうしたことか見事な蔓が伸びはじめ、ベランダが飲み込まれてしまうのではないかと思えるほどの速さで成長した。

かぼちゃの蔓というのは奔放で、一方向ではなく、北へ南へ、東へ西へ、あっちこっちへ伸びる。視線の避暑地になってくれるゴーヤとは違い、ちょっと怖いようなわずらわしさなのだ。

しかし、立派だったのは蔓だけで、ひとつも実らなかった。最初からうまく運ぶわけはないと分かっていながらも、これはもしかしてしばらく食費が浮くぞと弾んでいた左うちわは、ぴしゃんと叩き落とされた。

伸びた蔓の先に、私は田舎で当たり前のように見てきた光景を期待していたのだった。夏に収穫されたかぼちゃは、玄関や地下室など涼しいところに一～二か月貯蔵され、秋が深まる頃にようやく食卓にのぼりはじめる。煮物、味噌汁、天ぷら——その後の活躍ぶりはご存じの通りである。

このかぼちゃ、見た目からはなかなか分からないのだけれど、かなり個体差がある。

刃先を四五度にして切り込み、体重をかけぐいっと一気に包丁をおろす。刃先をなかなか割れ進めさせてくれない、みっちり詰まったかぼちゃほど、味も濃くてねっとりしている。逆に、拍子抜けするほどトントンと切れてしまうものは、仕上がりもあっさりしてみずみずしい気がする。

離乳食でひんぱんにかぼちゃを調理するようになってからは、たっぷりのだしのなかで泳がせるより、少ない水分で蒸すようにして醬油を使わずに仕上げるのが私の定番になった。

かぼちゃはうんと大きめのひと口大に切ってから鍋に入れ、塩とはちみつをなじませて十五分置く。かぼちゃの肌がしっとり汗をかいてきたら、水を深さ一センチまで注ぎ、ふたをして火にかける。沸いたら、三分煮ていちど天地をひっくり返し、ふたをしてさらに三分煮る。最後にふたをはずして、残った水分を絡めるように大きく混ぜれば出来上がりだ。

表面の層にはちみつの甘さが入りこみ、なかはホクホクとしっとりがちょうどいいバランスに仕上がっている。煮崩れそうで崩れない、ギリギリのところがおいしい。

地味なおかずなのに、子どもは楽しみに待っている。だから私にとって、かぼちゃを煮るときに流れているのはただの作業時間ではない。子どものことを思う気持ちそのものを火で加工しているような気がする。

と書いておきながら、これを見て作っても同じようにはならないかもしれない。かぼちゃの性質にはいろいろあるから、べちょっとしたり、パサついた仕上がりになるひともあるだろう。

かぼちゃを煮るというのは、そういうことだと思う。どんな食材で作っても毎回同じ仕上がりになるレシピというものは、絶対にない。だから写真と同じように仕上がらないことに焦点を合わせるのではなく、「今日のかぼちゃは前回と違う」と感じる自分の感覚のほうに軸足を置いて欲しいし、好きな食感や煮崩れ具合を探りながらこのレシピと仲良くしてもらえたらうれしい。

仕上がりは違えども、このかぼちゃ煮の真価は等しく翌日にある。

表面がまだしっとりして、温めても、冷たいままでも、ほんのり甘くて前歯でほっくり割れる。あまりものを寄せ集めてひとりで食べる昼食に、何度このかぼちゃ煮が登場したか分からない。

しかしそんな気軽さからか、冷蔵庫に入れたままでつい食卓に出しそびれるのもこのかぼちゃ煮である。食事が終わった頃、用が済んだマヨネーズやお茶をしまおうと冷蔵庫をあけた瞬間、

「あっ」

鎮座するだいだい色と目が合う。

忘れっぽくなった頭を小突きたくなるのはこんなときだ。忘れてしまいそうな、名もないおかずが並ぶ食卓ほど得難いものはないことも、じゅうぶん知ってはいるけれど。

［かぼちゃのはちみつ煮 *p.193*］

二日めの
かぼちゃ

夢に見たきのこ

ステイホーム生活を機に、食べられるものを育てはじめたという友人が増えた。ローズマリーや香菜といったハーブから、ぬか漬け、梅干しまで、ＳＮＳにはさまざまな台所事情の投稿が溢れている。

私はヨーグルトメーカーを買った。牛乳九に対し、ヨーグルトを一加えて専用の器に入れ、40度に設定して待つこと八時間。寝る前にセットすれば、朝、フレッシュなヨーグルトができている。流行りの菌活の一環である。売れに売れているというきのこ栽培キットにも惹かれたが、

「けっこうむずかしいらしいよ」

家族のひと言で、あっさり諦めた。

この本は野菜（植物）をテーマにしているが、きのこは菌類である。しかし、野山に生息するもの、しかも好物ということで、採用することにした。気温が十七度を下回れば、きのこの季節。菌の活動が活発になり、原木栽培はもちろん、菌床栽培だって、ぐっと深みを増しておいしくなる。人間が口にするもののなかでも、生成過程の説明が難しいのが、菌の世界。植物界の理論でも動物界の理論でも説明で

きない、その不思議な食物を、子どもの頃は庭でよく見かけた。松の木の根元に立てかけられたコナラの原木。じめじめした日陰でしいたけを住まわせるその姿には、物言わぬ凄みがあり、近づきがたかった。

うんと大人になってようやく、きのこのおいしさが分かるようになった。

年を重ねるほど、きのこが好きになる。食物繊維を多く含み、低カロリーだからという下心を抜きにしても、だ。技術革新が進み、年々きのこがおいしく進化しているように思うのは、気のせいではないだろう。年中出回る菌床栽培にだって、原木栽培の高級品に劣らないものがある。スーパーに並ぶ種類も増えている。子どもの頃、エリンギはちょっと珍しいものだったが、今ではどの売り場にもある。マッシュルームの白と茶を、料理によって使い分けていると知ったら、昔の私なら驚くだろう。

焼いても揚げても、どうしたっておいしいけれど、なかでも、きのこの厚みを生かし、オリーブオイルでじっくり煮るレシピを紹介する。

その日の気分で、三種類のきのこを買う。まずはマッシュルーム。ほかは、しいたけ、ひらたけ、エリンギ……などから、丸々として引き締まった肌のものを選ぶ。二種類では物足りないし、四種類ではそれぞれの持ち味がぼやけてしまう。三つがバランスがよいと思う。

きのこは布巾で表面を拭いてから石突きをはずし、なるべく切らずに調理する。余分な水分が出るのを防ぎ、肉厚な食感を楽しむためである。マッシュルームは丸ごと。しいたけは、小さなものはそのままで、大ぶりなものは二つに割く。この日選んだ三つめは、ひらたけ。大きめのひと口大にほぐす。

土鍋など底の厚い鍋に、きのこを入れ、塩をふたつまみ。しっとり汗をかいてきたら、オリーブオイ

ルとにんにくを加えてよく混ぜ、きのこの肌にオリーブオイルをまとわりつかせる。ふたをしてから火をつけ、弱火で煮る。なかを覗きたくなっても我慢。シューシュー、クツクツと音がするまでは、ふたを開けないこと。音がしたら、全体をひっくり返し、再びふたをする。実がぷっくりふくらんで、オイルと水分がいっしょくたになってひたひたになるまで、二十分ほど火を通す。きのこをボウルに取り出し、熱いうちにバルサミコ酢をかけ、細かく刻んだパセリをたっぷりまぶせば出来上がりだ。

前歯がきのこの厚みにのめり込む感触と、溢れだす土のような、木のような香り。バルサミコ酢の厚い酸と、パセリの軽い青さが、きのこの丸みを包んでいる。鍋に残しておいたオイルは、このレシピのうれしい副産物。パスタのソースとしてはもちろん、炒飯にしてパルミジャーノ・レッジャーノを散らしたり、このオイルで卵を焼いてもいい。

おいしいもの好きが集まると、必ずひとりやふたり、きのこマニアがいる。

一等は、みずから山に入ってきのこを採るひと。名前も知らないきのこが大鍋にぎゅうぎゅうに詰め込まれた動画を披露しては、「市販のものとは、香りからなにから、べつもの」

うらやましがらせにかかってくる。

そんななか、マニアたちが異口同音に名前を挙げる宿がある。

私が初めてその名を聞いたのは、十年ほど前のこと。ある絵描きは、チェックアウト時に翌年の予約をして帰るそうだ。宿の方が山で採ってくるきのこ尽くしの食卓は、それはそれは夢のようで、鼻と舌の記憶だけで一年間頑張れると言う。

行こう行こうと思ううちに、子どもが産まれ、飛ぶように年月が過ぎた。しかし、ブログだけは読み続けている。七月でも朝晩は薪ストーブが必要なほど冷え込むことや、二回めのワクチンを打ち終わったこと、柴犬が元気に野を駆けていることなど、行ったこともない宿の、会ったこともないひとたちの営みを東京で追う。まぶたに焼きついた、きのこの里。脳内ではもう何度も旅をしてきた。

〈十月からきのこ鍋を再開します〉

この原稿を書いている八月一日、たった今、この告知を見た。今年こそ、宿を訪れることが出来るかもしれない。胃のあたりがギュッとなる。今だってこんなに好きなのに、きのこの沼へ足を踏み入れる予感。怖いような気さえする。

［三種のきのこの揚げ煮 *p.194*］

炒めもの、復権

親しい編集者と、あるとき、夕飯のおかずの話題になった。

「うちは炒め物一辺倒です。スズキさんはすごいですねえ、レパートリーがたくさんあって」

今になって思えば、実際に毎日炒め物を作っていたのか、代わり映えしない日常の代名詞として挙げただけなのかは分からない。前者ならば、ずっと手を動かして火の番を続ける余裕があるなんて、むしろ、すごいなあと感心してしまう。後者なら、私にも覚えがある。私にとって、炒め物のイメージは、勝手口の土間のバケツに盛られた野菜——たいていは、キャベツと人参——がかき混ぜられた、完成形がはっきりしないぬるいおかずだった。白飯にのせればそれはそれでおいしいのだけれど。

この記憶のせいか、『いつものごはんは、きほんの10品あればいい』（小学館）という本を出したとき、「炒め物」は掲載しなかった。一見ハードルが高そうな魚料理や酢の物は登場させたにもかかわらず、この、家庭料理の代表を採用しなかったのは、私自身がほとんど作らずにきたからだ。

正確には、「炒め物」は不採用だったが、「ほったらかし野菜炒め」なるものは登場している。これは、

フライパンに二種類の野菜を並べてふたをして蒸気で満たし、たまにひっくり返しては、蒸すように焼くというレシピ。分厚いれんこんにオクラ、山芋にスナップエンドウといった具の取り合わせが私の好みである。ひとつの食材を厚く切り、その上に、比較的火の通りやすいもうひとつの食材をのせて焼くようにすれば、そうしょっちゅう手をかけてやる必要がない。基本、ほったらかし。音も、たまにパチパチ、シュウシュウという静かなもので、油はねもほとんどなし。焼く、炒める、蒸す。三つの料理法のいいところ取りなのだけれど、より日常的になじみのある「炒」を採用することにしたのだった。

「炒め物は、よおく火を通すこと」

だって火に〝少ない〟って書くから——母はよくこうつけ足した。特に、豚肉が入っているときは、生焼けによる食中毒を防ぐために、念には念を入れて火を通すようにと教わったものだ。だからつい、火を通すことに集中しすぎて、やわらかさとか味わいというものは二の次だった。こうなるとキャベツは、おいしさのための要員ではなく、豚肉にひっついてフライパンで混ぜ続けられるだけのものになった。不自由な炒め物を鬱陶しく思い、いつの間にか私は炒め物を遠ざけ、作らなくなった。

そんなキャベツの復権が、この炒め物である。

キャベツは手でちぎって繊維を断ち、塩もみしてしばらく置く。塩の量は、キャベツ一枚につき、ひとつまみ。しんなりしたら、ギュッと絞り、水分を出し切る。キャベツがシワシワに縮こまることを心配しなくていい。キャベツの葉脈はそんなにやわではない。これで、水分と塩分の交換は完了である。

組み合わせるのは豚ロース。ブロックを買ってきて、好きな厚さに切って使う。量はたくさんはなくてもいい。キャベツが六なら、豚肉は四くらい。なんなら七対三でも。豚肉を茹でておくのもコツで、アクを抜きつつ、しっかり火を通しておく。これは、あとに続く調理法のためである。

こうして下ごしらえをしたキャベツと豚肉を、熱いフライパンのうえで和える。このとき、しっかり炒めてやろうなどと気合を入れぬこと。言葉遊びではなく、本当にそうイメージして作って欲しい。

鉄のフライパンに油を熱し、豚肉に塩胡椒をして混ぜ合わせてから、いちど火を止めて黒酢をまぶす。再び火をつけ、豚肉の表面に黒酢のコクと風味をまとわせる。ここでキャベツを投入。豚肉の旨味をまとわせるようにして、たまにひっくり返し、すべての葉を熱くする。すでに薄く塩味がついているから、追加の塩はなし。最後にクミンを加えれば出来上がりだ。キャベツと豚肉を交互に高く盛る。見た目がきれいだし、平らに盛るより冷めにくい。あらかじめ皿を温めておけたら完璧だろう。

均一に薄い塩の膜をまとったキャベツが、まず、おいしい。それから、黒酢の風味とクミンの香りが立ちのぼる。よく知っている食材同士を組み合わせた、よく知っている味。それを箸でつまんで、熱々を放り込む気楽さ。炒め物は、健やかなときもそうでないときもそばにある、やさしい食べ物なのだ。

熱い鉄の上でこしらえる和え物――いかにも食材の持ち味が生かされた、家庭でできる最大限おいしいおかずという感じがする。こうして自分なりの作り方を見つけていくことが、おもしろい。

キャベツは一年じゅうスーパーで見かける野菜のひとつ。売り場で見つけたら、つい、バスケの試合を始めるときのように、手のひらにのせてぽんぽんと重みを確認し、カゴに入れてしまう。味噌汁から浅漬け、とんかつの付け合わせまで、何でもこなせる楽な野菜だと思いがちだけれど、季節によっても、そして、ものによっても、味わいは大きく異なる。

春先に出回る新キャベツは、一番外側の葉すらやわらかくて甘いけれど、冬キャベツになると、三枚めを油で炒めてもアクが強すぎて食べられたものではないことがある。せん切りひとつ取っても、包丁がなかなか沈まずに、食べると苦味ばかりが突き抜けるキャベツもあれば、絹糸のようにしなしなとやわらかく切れて、ドレッシングなしでもじゅうぶん甘いものもある。

どうしてこんなにキャベツのことばかりを考えるようになったのか。それは、一年じゅう冷蔵庫にあって、小さくなるごとに、日に日に存在を軽んじられてしまう損な役回りに同情するからである。アジフライを引き立て、ロールキャベツではとろける寸前で具を抱える。薄力粉の間で蒸された、お好み焼きのキャベツの甘みは、他の野菜には代えられない。キャベツなしには成立しないレシピが溢れているにもかかわらず、冷蔵庫のそれはやがて小さくなり、保存がきくがゆえに、忘れられていく。

この撮影の試作のために、五夜連続でキャベツの炒め物を作った。手でちぎったり、包丁で切ってみたり。塩の分量を変えたり、豚を二ミリ厚く、もしくは薄く調整してみたりもした。

金曜の夜、ついにキャベツの最後のひと巻きまでほぐして使い切った。「また炒め物？」という不満の声は挙がらなかった。どれどれ今回はどんな感じだろうかと、家族が前のめりで箸をのばしたとき、私は、キャベツというものと出会い直した。炒め物が、食卓に還ってきたのである。

［塩もみキャベツと豚肉の炒めもの　p.195］

オレンジ色の幸福

女がふたり集まれば、キャロット・ラペを頼もうということになる。

この、気の利いた、乾杯にふさわしいひと皿は、東京に「バル」という存在が増えるにしたがって、必ず目にするメニューになった。キャロット・ラペ。富山の母は、この料理名をいまだに知らない。

二〇〇〇年代に入ってすぐに増えはじめたバルは、スペインからの舶来である。仕事帰りにちょっと寄って帰るような気楽な店で、タパス（小皿に盛られたおかず）やピンチョス（串に刺したつまみ）が並ぶ。

東京のバル人気を牽引したのは、八丁堀の〈maru〉。多くのおいしいもの好きが、同じく中央区にある王者・銀座を通り過ぎ、〈maru〉のいい席に陣取ろうと躍起になった。

そもそもラペとは、すりおろすという意味のフランス語。キャロット・ラペは「すりおろした人参」という、シンプルな呼び名なのだ。同じような料理は、スペインではエンサラダ・デ・サナオリア（人参のサラダ）と呼ばれ、こちらも前菜として人気がある。

女はバルが好きだ。サラダが好きだ。酒席でもヘルシーな料理を頼みたいという健気さに、生の人参を調味料で和えたキャロット・ラペは応えてくれる。ビールと枝豆が昭和なら、カヴァとキャロット・ラペは平成の女性進出の象徴である。

バルで人参のおいしさに目覚めた私は、家でも作るようになった。適当なおろし器で人参をおろし、ディジョンの粒マスタードを加えてみたり、はちみつを足してみたり。切って和えるだけの簡単な調理法だし、火を加えないから、そうそう失敗するものではない。しかし、のちに、本家のおいしさに度肝を抜かれることになる。

銀座から新富町に向かう途中に〈ポン・デュ・ガール〉という店がある。パリ十区の〈ル・ヴェール・ヴォレ〉という、自然派ワイン好きに知らぬ者はいない名店に憧れて東京に作られた〈ガール・ド・リヨン〉（これまた八丁堀にある）の、姉妹店にあたる。手頃な値段のワインがあって、いつもひといきれで満たされた、大好きな店のひとつである。

〈ポン・デュ・ガール〉でキャロット・ラペを頼んだときのことだ。薄暗い店内で、小さな皿にこんもり盛られたそれの、なんとおいしかったこと。フォークを伸ばそうとする友人の手を止め、少し観察させてとお願いして、目を凝らして見た。食べ慣れている料理のはずなのに、なぜこんなにハッとさせられるのか。その秘密は、切り方と断面にあった。私が作っていたのよりうんと細くて、薄くて、ギザギザした人参に、初めて出会う料理のような思いがした。

帰宅した私は、人参専用のすりおろし器を買うためにネットのレビューにかじりついていた。横着した道具ですりおろしていたのでは、あの味は叶えられないと分かったからだ。同じように熱をあげるひとがたくさんいて、メーカー各社の製品を比較した動画がいくつもアップされていた。ひと通りチェックして私が注文したのは、卓球ラケットほどの大きさのおろし器。色はオレンジ（しかなかった）。とことん人参に敬意を表したキッチン道具である。

届いた日、さっそくラペしてみた。シャリッ、シャリッ。そうそう、これです。そうして何度も作り、仕上がったレシピを紹介する。

用意するのは、人参とみかん。色も似ているし、おまけに旬も同じだから、相性がいい。

人参はすりおろして、塩を振ってなじませる。しばらく置いて水分が出てきたら、よく絞っておく。みかんは皮をむき、薄皮を包丁の刃先でやさしくはがして、実を取り出す。少し面倒かもしれないけれど、味わいがぐんと上級になる。ボウルに人参とみかんを入れ、オリーブオイルをかけて全体をコーティングしてから、クミンシードと酢を加えて混ぜる。出来立てのシャープな味もいいし、時間を置くことで調和し、ぐっとまとまった味わいも好きだ。

生の人参はβカロテンが豊富ないっぽう、ビタミンCを破壊する酵素を含んでいる。だから、酢や柑橘と一緒に摂るのがベスト。おいしいと感じる味付けはちゃんと理に適っているのだ。人参をすりおろして、酸っぱいものを足して味付けをすればよいのだから、キッチンの数だけレシピがあるだろう。砂糖を加えて甘酢風にしてもいいし、ツナを加えれば子どもも喜ぶはずだ。ラペは自由である。

四谷三丁目にある小さなイタリア料理店では、キャロット・ラペが人参の形に盛り付けられていた。飾りには、人参の葉。まさに、ピーターラビットが胸に抱えている、あのスラリと美人な人参のフォルム

オレンジ色の
幸福

なのである。白いオーバルの皿に映えて、ワインが進んだ。

その皿の向こうに、夜通し話しても話し足りない女友達がいた。〈ポン・デュ・ガール〉の暗がりでは、肌の毛穴は隠され、しかし瞳孔は開き、まとまりそうな男女の仲に拍車がかかったことを思い出す。

どこぞのバルで、同僚とちょっとした口論になったとき、カウンターにはすっかり乾いたキャロット・ラペがあった。ああ、食べたかったのに。恨めしかった。

小さな皿のうえの橙色をつつき合うあの食べ方なくしては、結ばれなかったご縁があった。緑や茶色ばかりでは、こうも心が動かなかったのではないか。

野山が橙色に染まる頃、人参も盛りを迎える。ここから年末までが、人参の旬である。

おせちの紅白なますは、大根が三に対して、人参は一くらいがベスト。紅を思い切り少なくしたほうが、冴え冴えと美しい。人参の差し色がなければ、お煮しめの風情は枯れてしまうし、ポトフは視覚的な温かさを欠く。これらはいずれも、脇役としての人参の在りようである。

ひととひと、食材と食材の出合いを語って粋に響かせる年には、私はまだまだ遠いけれど、このキャロット・ラペにかぎっては、人参とみかんは一緒になることでその恵まれた色と持ち味を存分に開くことができる。互いに引き立てあう、幸運な出合いである。

［人参とみかんのラペ *p.196*］

歌人の月

里芋の葉茎を背負った女性と、同じ車両に乗り合わせたことがある。

場所は新宿、山手線。高尾のほうから戻ってきたのだろうか、そのうらやましい持ち物を見た瞬間、子どもの頃よく食卓にのぼった赤いずいきを思い、口のなかがじゅっと酸っぱくなった。東京で葉茎に出くわしたのは、このいちどきりだ。

雨傘にもなりそうな大きな葉を見れば、もともとは熱帯の植物なのだと分かる。耐寒性を身につけながら日本列島を北上したものの、秋田・岩手より北では現在でも栽培が難しいという。秋の初めから年明け二月頃までが旬。根っこに毛むくじゃらの実が連なり、子孫繁栄を象徴する野菜でもある。

私が生まれ育った富山県砺波市は、散居村と呼ばれる風景で知られる。広大な砺波平野に家々が点在し、それぞれの屋敷を取り囲むようにしてカイニョ（防風林）が築かれている。台風や夏の日差しから家を守るその役割に、保守的でよそ者を受け容れにくい土地柄を重ね合わせ、十代の頃は美しいと感じるどころか、未来に立ちはだかる障壁に思えた。

家と家の間を占めるのは、言葉を奪うほど圧倒的な田んぼと、その間を縫って流れる水路である。航空写真で見ると、水田は夕暮れには赤い鏡となって光り、初夏には一面の濃緑が視界を覆う。明確な農地計画などおそらくなかったろうに、水路の配置は行き届いていて、精巧だ。

田んぼに水を引き入れるための水路にかかっていたのが、水車式の里芋洗い装置である。都会のひとはどんなものかご存じないかもしれない。短冊型の木板を連ねて筒を作り、川の流れによって回転するように組み立てたもので、中に里芋を入れてふたができるようになっている。

里芋同士がぶつかり合うことで、皮はすっかりむかれ、なめらかな肌が現れる。故郷の田んぼの光景を思い出すとき、そこには必ず、ごろん、ごろん——川底を這う里芋の音が鳴っている。

川の水でむいた里芋を、富山の母が両腕で抱えきれないほど送ってきてくれたことがある。表面を乾燥させた里芋は、新聞紙でくるんで冷暗所で保管すれば、冬の間じゅうもつ。煮っころがしにするか、揚げるか。または、蒸して潰すか。料理心が刺激されるが、それもこれも、皮をむかれた状態で手にしている幸運ゆえ。最近では、皮むきと独特のぬめりを嫌がって、冷凍の真っ白な里芋のほうが人気だそうだ。手をかけた末に顔を出すあの粘りと、むんと立ちのぼる濃い香りこそが、里芋の持ち味だというのに。

なかでも私が気に入っているのが、里芋のぬめりを生かすスープだ。皮の処理にひと工夫。里芋を買ってきたらすぐに、たわしでよく洗ってざるに並べ、ひと晩乾かしておく。こうすることで皮がむきや

すくなり、手が汚れるのも防げる。

厚めに皮をむいた里芋は、水にさらしてぬめりをさっと洗い流してから、鰹節と昆布で引いたたっぷりのだしで煮る。下茹でをしない、直炊きという調理法だ。煮はじめの里芋は、どこか青白く澄んで、私の好きな色である。里芋がやわらかく煮えたら、白味噌とバターを加えて好みの味にととのえ、仕上げに和辛子を添える。箸で割れば、ほこほこして湯気が溢れ出し、クリーミーな汁が里芋にまとわりつく。里芋のようにぬめりのある食材は、どこかにひっかかりを作ったほうがバランスが取れる。そのための和辛子である。今回はふた付きのお椀に盛ってよそ行きな感じにしたけれど、皮付きのまま蒸した里芋を、皮をつまんでつるんとむき、潰してから器に入れ、汁を張ってもいい。

蒸すといえば、皮付きのまま頭をほんの少し切り落としてから蒸した小ぶりな里芋には、きぬかつぎという特別な呼び名がある。お月見には欠かせない。

お月見の晩に腕まくりをして団子をこしらえたのが、与謝野晶子である。鉄幹との間に十二人の子をもうけた、子だくさんのひと。晶子のレシピは、ふかした里芋を潰してから生地に練り込み、両端をちょっととんがらせて里芋の形にととのえられていたという。さらには、皮に見立てたこしあんを巻いたと知って、なんておしゃれなと驚いたが、それもそのはず、晶子は堺の和菓子屋の娘である。

その晶子の、やさしい表情の写真を見たことがないと気がついたのは、最近のこと。いつも唇を一文字に結んでカメラを見据えていた。愛に生きた女性というイメージがあるが、私は、与謝野ブランドをプロデュースした仕事人としての姿に惹かれる。よく詠み、よく食べ、たくさん旅をした。大きなエンジンを積んで、与謝野晶子という役を演りきったひとだった。

平塚らいてうとの母性保護論争では、女性も職業をもって自立すべきと説き、母性は国家によって保護されるべしとの立場を崩さなかったらいてうと、真っ向から対立。両者の溝は埋まることはなかった。百年後の今もなお、女たちはどう生きることができるのか、迷い、不安でいる。そもそも正解などないのだ。

元始、女性は実に太陽であった——らいてうは『青鞜』創刊に寄せてこう書いた。

〈今、女性は月である。他に依って生き、他の光によって輝く、病人のような蒼白い顔の月である〉

だからこそ、女性たちよ立ち上あがれと旗を振った。コピーセンスはさすがだけれど、私には、新雑誌のために思いついたコンセプトをこねくり回しているように思える。


冬の夜の星君なりき一つをば云ふにはあらずことごとく皆

夜空を見上げるなら、晶子のようでありたい。生きる喜びを、普遍の命へと結び、世界を肯定する心の強さに打たれる。

悔いのない人生を生きているか。十五夜、月を鏡にして、自分の姿を問うてみる。


［里芋と白味噌バターのスープ *p.197*］

蒸籠で作る、野菜のぎゅうぎゅう蒸し

冬になると、長持ちするのをいいことに、根菜をはじめとする野菜をつい転がしたままにしてしまう。

自宅で仕事をする日が増えたことをきっかけに、昼食によくこんなメニューを作るようになった。

冷蔵庫にある野菜の端っこやきのこを食べやすく切って、厚揚げ、十穀米と一緒に蒸籠に隙間なく詰める。朝食の支度のついでに、ここまで仕込んでおく。あとは十五分から二十分火にかけるだけ。蒸籠一段につき、一人前だ。

十穀米は、一人前をクッキングペーパーで包んで冷凍保存しておいたもの。蒸籠で解凍すれば、もちもち、ふかふかになる。

部屋は潤いで満たされ、視覚的にも暖かく、栄養バランスもよい。おまけに、洗い物も少ない。

味付けは、塩だけでもびっくりするほどおいしい。ラー油、にんにく生姜醤油、いただきものの高級瓶もの調味料などなど、冷蔵庫で冬眠しているものが、ひとつやふたつ、きっとあるはず。それをこの機会に添えて味わおう。

働き盛り、子育て盛りにとって、こんなに理想的な昼ごはんがあるだろうか。人数分の蒸籠、投資して損はあるまい。私は横浜中華街〈照宝〉の二十一センチを十年以上愛用している。そろそろ子どもたちのぶんを買い足さなくては。

冬

寒さが深まるにつれて、
濃い味付けや脂が恋しくなる。
三人集まれば、鍋と酒。
肩寄せあって煮えばなをつつく。
夏は、ぬくい燗を涼しそうに
たしなむひとが美しいと思う。
冬は、うんと温かいものを
熱い、熱いと分けあいたい。

米に笑う

よそからやってきたくせに、東京からひとがいなくなる正月がうれしい。

コロナ禍の今年にかぎっては、どこへも行けないひとも多いだろう。それでも、環七通りから車の姿が消える三が日は、街が掃き清められたように感じる。

ごちそうが続くこの時季は、一月七日でなくても粥を炊く機会が増える。胃のあたりが重く、あごの輪郭もぼんやりしてきた日には、いつもより少し早く起きてお粥をこしらえ、冷えきった台所を湯気でほぐす。お粥には、たっぷりの青菜が欠かせない。日の光を浴びた薬草を、体が欲する。

根菜が多い季節に、新鮮な青菜――かぶや大根――は貴重な存在だ。葉っぱがついたまま売られているのを見つけたら、迷わず買う。家へ帰ったらすぐに葉を切り落とし、洗って刻んで、塩もみする。塩で鮮度を封じ込めてから保存容器に入れておけば、お粥以外にも、汁物でも玉子焼きでも、ちょっと青みが欲しいときに助かるのだ。

ピンセットで箱詰めされたような「春の七草セット４９８円」をスーパーで見つけても、七日を過ぎればいつもの野菜ではないかと素通りして、冷蔵庫にしまってある塩漬けを私は選ぶ。青菜はじゃんじゃん使ってこそだ。

米をやさしく洗ってざるにあげる。土鍋に移して、鍋の七分めまで水を注ぎ、塩ひとつまみを加えてから、火をつけて煮はじめる。沸騰する直前に、鍋の底にくっつきそうな米を木べらやスプーンではがし、二センチずらしてふたをして、蒸気が適度に逃げるようにしておく。あとは弱火で四十分。水分が少なくなってきたら途中で湯を足せばよいと教えてくれたのは、料理家の小林カツ代さんだった。彼女の炊き方を知ってから、つきっきりで鍋を見張る必要がなくなって、楽にお粥が作れるようになった。

よい具合に煮えたら、保存容器に入れておいた大根の葉のみじん切りの水気をしっかり絞り、一面に散らす。米の粘りと湯気に肌をさらした青菜は、下茹でなしでも、アクやえぐみなどちっとも気にならない。ふたをして一分蒸らせば出来上がり。時間が経つと粘りが増すので、早く器に盛ってしまう。

焼いたよもぎ餅をのせるのも、私の好きな食べ方だ。まずはお粥と青菜の舌触りを楽しみ、次にカリカリの餅の表面に歯を立てる。最後は粘っこい米粒が絡みついた餅の身を、ねぶるように吸う。やっぱり、一月七日だけの行事にするのはもったいない。

先日、破れた障子戸のほんの小さな一画だけを張り替えようとする段になって、糊(のり)を切らしていることに気がついた。ホームセンターまで買いに走ろうかという夫に、

「ごはんつぶでいいよ」

ごく自然にこう答えたが、夫は不思議そうな顔をしていた。

子どもの頃、ごはんを潰して、練って、糊を作っていた。封筒をとじる糊がないときやなんかに母に頼まれて、ごはんをひと口ぶんだけ拝借して作るのだ。ひとさし指にいつまでも残った、ぬくくて、少しつんとくる糊の香り。もう何十年も素手でごはんを潰すことなどなかったのに、富山の小学生がこうしてひょっこり顔を出す。自分の口から出た言葉に驚く。

米の粘っこい香りは、苦い記憶と、幸せな記憶の両方へ通じている。

前者は悪阻（つわり）の記憶だ。ごはんが炊ける香りを、ある朝突然、一切受けつけなくなり、台所に近寄れなくなった。炊飯の二文字が憎くて辛くて、涙がでた。またあるときは、インフルエンザで寝込んだ私に、当時の恋人がお粥を作ってくれた。添えられたのが箸だったことに、想いやる力が足りない——そう感じて、傷ついた。繊細すぎると笑われるかもしれない。でも、私は弱っていて、関節の痛みのせいで箸を支えることさえできなかったのだ。スプーンが欲しい。なんなら、食べさせて欲しい。こんな簡単なことが、そのひとには言えなかった。

かたや、子どもが産まれて親になってからの、繰り返される毎日の炊事の慌ただしさと、指の間からこぼれ落ちてしまうような喜びの記憶。きちんと計量して慎重に炊いた重湯を、まだ歯のない歯茎にのせてやった日。新しい世界がたしかにひらけた。ようこそ、こちら側へ。

米に苦しめられ、米に笑う。「料理は愛情です」なんて、ひとにも自分にも、押しつけたくはない。そ

れでもお粥は、最後に残った食の手当てのひとつだと思う。お粥がなかったら、私は子どもになにを食べさせただろうか。年を重ねた未来の私は、なにを食べるだろうか。

やさしさを伝えたいときには、お粥を炊く。この手当てに国境はない。

結婚を機にしばらく暮らした横浜に、〈ホテルニューグランド〉という美しいホテルがある。一階の〈ザ・カフェ〉には、このホテル発祥の名物メニューがいくつかあり、散歩の途中でよく食べに寄った。なかでも一番の目当てはシーフードドリアだ。鏡を張りつけたような冬の海を見たあと、お店に直行してメニューも見ずにドリアを注文すれば、特別な午後になった。

開業当時（一九二七年）の初代総料理長、サリー・ワイルは、「メニュー外のいかなる料理もご用命に応じます」と記し、さまざまな料理を提供していた。ある日、外国人の銀行家が、胃腸の調子が悪いのでなにか喉ごしのよいものを、とリクエストした。

総料理長は米を野菜とバターで炊き、海老のクリーム煮をのせてオーブンで焼いた。チーズはほんの少し。一般的な洋食のドリアからイメージされる濃厚な美食ではなく、ゆるく食道をなでて落ちていくレシピは、今に受け継がれている。異邦人の銀行家は、きっとぜんぶ平らげたに違いない。

お粥とドリア。生まれた時代もレシピも違えど、水分をたっぷり抱えた米はひとつの言語だと私は思う。米と水と火。湯気と粘り。根源的で、体の熱くやわらかいところをさする不思議な力に満ちている。

［青菜と焼き餅のお粥 p.198］

すき焼きの恩返し

最高気温が十五度を下まわる日が続くと、玄関が冷蔵庫代わりになる。古紙でくるんだ野菜を築地かごに放り込んで、黒御影石のうえに置いておく。

今夜はなにを使おうかと覗くと、必ず大根がいる。毎週頼んでいる無農薬野菜の宅配セットには、立派な大根が入っていて、煮たり、干したり漬けたり、あの手この手で消費するのだけれど、大根はまたすぐにやってきて、これが何週も続くとさすがに葉っぱもの恋しさでいっぱいになる。

こんなふうに恨めしく思うなんて、ばちが当たるかもしれない。

『徒然草』には、大根（土大根（つちおおね））が登場するこんな物語がある。

その昔、筑紫の国にあるお侍がいた。大根をたいそう体にいいものと信じ、毎朝二本ずつ焼いて食べることを長年の習慣にしていた。あるとき、勤めていた屋敷が敵に襲われてしまう。とそこへ、見知らぬ男がふたり現れ、命を惜しまない戦いぶりで敵を追い返す。

驚いたお侍が「あなたがたは？」と聞けば、ふたりは「いつもあなたが大事に食べてくださっている大根でございます」と答えたという。大根の恩返しという呼び名で親しまれ、信心を持って暮らすことの尊さを書いた一編である。私のように「また大根か」などとうんざりしていては、恩返しどころか、大根の奇襲に遭うかもしれない。実際に、夢のなかでは何度か追いかけられている。

しかし、おかげさままで命拾いしましたと手を合わせたくなるものなら、私にだってある。

長女を産んで一か月にも満たない頃、三か所から立て続けに牛肉が送られてきたことがあった。送り主は義理の母、宮崎に住むわかなさん、岐阜出身の友人Aちゃん。牛肉はもちろん松の上。絹糸のようなサシが入った、うんと薄い肉だ。

娘が寝た隙に、つま先立てて台所へ向かい、鍋に湯を沸かした。肉を数秒泳がせて皿に取り、醬油をかけ、立ったまま菜箸でかき込んだ。腹の底の、もっと奥から、声にならない息の束があんなふうにして漏れたことはなかった。女が女のために用意した、とっておきの贈り物である。

宅配便の送り状を見て、自分に名前があったことを久しぶりに思い出したのもこのときだった。なんせ嵐のような難産を経て、数時間おきに授乳し続ける生活に突入してしまったのだから。小さな命にもしものことがあってはならないと、私は必死に毎日にしがみついていた。

いったい女というのは、最適なタイミングでひとを喜ばせる知恵をどうやって得るのだろう。三人が三人とも同じものを送って寄こすということは、根源的なもの——産後の滋養だとか回復だとか——を言葉に頼らない方法で知っているのだ。

それからも折にふれて飛騨牛を送ってくれるAちゃんに、あるとき、地元ではどんなふうにして食べているのか聞いてみたことがあった。

彼女の実家では、うんと薄く切った大根を入れて、すき焼きにするという。すき焼きに大根なんてアイディア、考えてみたこともなかった。次の日さっそく試してみたら、知らなかった大根の顔が現れ、何度か作るうちにほかの具は姿を消し、牛肉と大根だけで食べるのが私の大好きな食べ方になった。

市販のスライサーを使って、大根を向こうが透けるくらいに薄く切る。満月のようなその姿が、まず美しい。豆腐もしいたけも要らないのだから、そのぶんを牛肉の予算にのせて、質のいいものを求めて欲しい。

鉄鍋に牛脂を熱し、半分に牛肉、もう半分に大根を広げる。肉めがけて砂糖を振り、醬油を垂らして、最後にお酒をちょいと回しかける。すき焼きといえば割り下を用意する関東のひとからしたら、横着に感じられるかもしれない。でも私は、このざっくばらんとした感じが好きだ。こうしている間に大根からも水分がしみ出してきて、鍋のなかは肉汁と甘辛いおつゆで勝手にうまいことまとまりはじめている。

火が通った牛肉を溶き卵にくぐらせて、まずはひと口。これは当然、おいしい。次に大根だ。薄く切ったエッジのおかげで、決して煮崩れず、しかし花弁のように箸にまとわりついてくる。牛肉の旨味が短時間で繊維に絡みついて、クタッとしているのに、嚙めばコリコリと音がする。大根のこの性質を引き出したA家のレシピに、心から感嘆する。鍋がすっかり空になったら、再び牛肉と大根を広げ、二回戦へ——。

先ほど酒と書いたが、もちろん、飲む日本酒をほんの少し鍋用に借りる。徳利にお燗を用意して、牛肉めがけてほんのひと口ぶんをパッッパ——家の食卓なら、こんな横着な調理の仕方だって構わないのだ。買い物も楽だし、割り下を作ったりしなくてもいい。年末はこのすき焼きを囲んで鍋納めにしようと、今から楽しみにしている。

筑紫の国のお侍さんのように毎日二本、このすき焼きなら案外ぺろっと食べられる気がしてくる。ただし、大根の先っぽは、ちょっとした別のごちそうのために残しておく。好きな大きさに刻んで容器に入れ、醤油と酢を同量注げば、即席の漬物として重宝する。柚子(ゆず)の皮と鷹の爪を入れておけばさらに香りがいい。鬼おろしですりおろして酢と醤油をかけ、熱々のごはんにのせてもまた、清涼な辛みが目頭へ抜けて目が覚める。きっとまだまだ、私が知らない食べ方があるだろう。奥の深い野菜である。

今年、三人の友達が母になった。新年のお祝いには、もちろんこのレシピを添えて牛肉を送るつもりだ。私自身が、大切なひとたちから分けてもらったように。

［大根のすき焼き *p.199*］

味目録

二〇二〇年最後の週末、近所のレストラン〈C〉へ半年ぶりに顔を出した。半年も姿を見せなかった客を常連とは呼ばない。いやぁどうもお久しぶりですなんて体（てい）で入ったら図々しいから、身幅を少し小さくして端の席についた。

ここなら間違いないという店だから、進んで提案されるがままになって、店主一番のおすすめのワインと料理を頼んだ。たとえ小さなことでも、自分でなにかを決めることに疲れていたのかもしれない。

この日のおすすめは、チャカプリという料理だった。ジョージアではどの家庭でも食べられている定番らしい。エストラゴンをはじめとする大量のハーブに加え、卸先の飲食店がなくなってしまった人参の葉やなんかを店主が引き取って、仔羊といっしょくたにしてジョージア産のワインで煮込んである。ボウルにたっぷり盛られた姿は映えないけれど、食べてみると、瞳の奥でシャッター音が鳴るくらいに輪郭が際立っている。

どこか小さな、古い町の、安くておいしい食堂のすみっこにいる小柄なアジア人——自分の姿がそんなふうに感じられたのは本当に久しぶりのことだった。ではどこの町かと聞かれると、それが分からない。自分には旅が足りていないということが、ずしんと感じられた。年の瀬の、時間が指の間からこぼれていくような焦りとさみしさもあった。

土地の記憶が、私の感じ方を作っている。

十八歳まで過ごした富山の水と米。グルメ誌の編集者時代に食べ歩いた、たくさんの店。二十代の休暇のほとんどを費やした旅先での味。その多くはひとりで、先を急ぐようにして食べた。

同じ国の、北と南。西と東。近代化され尽くした都市の、同じ区画の、地下にある窓のない食堂と、夜景を売りにした高層階のレストラン。八十代の料理人と、その孫で三十代の料理人。私の家の小さな台所にある四季。それらの時空を舌と鼻がうろついて、アコーディオンカーテンのプリーツのように記憶のひだを刻んできた。

図書館で図書目録を繰っているとき、もし記憶に形があって、内部に触れることが出来たら、こんな感じだろうかと思ったことがある。目録の角をぱたぱたっと一気になぞり、テーマに関連した記憶と味のカードを探りあてて、原稿を書く手がかりにするようなものだ。

味の目録のどれかをカチリと引き当てたのが、師走のチャカプリだった。二〇二〇年は、鼻も舌もずいぶん退屈しただろう。

自分の舌で自分を遊ばせることができるから、食事は楽しい。

なかでもよく作るのが、もやしや鶏挽き肉などを炒めた具をレタスで包んで食べるレシピだ。ハノイか、台中か、それとも新大久保だったか——こんなようなおいしい食べ物があったなあという記憶を頼りに、目録をざっと再生し、台所で再現してみる。子どももこれをおやつに食べるのが大好きで、特にレタスを見ると、子どもながらなにかを期待するような目つきになるのがおもしろい。

鶏の挽き肉に胡椒、ナンプラー、醬油、砂糖を前もって加えて混ぜておく。フライパンに油をひき、挽き肉を炒める。加熱前に調味料を加えておくことで、しっかり味が入るし、火を前にして慌てなくていい。そこへもやしを加え、熱が全体にまわって温まったら、ベビースターラーメンをざざっと振りかけて火を止める。これを、水にさらしてぱりっとさせたレタスでくるんで食べる。

涼しいレタスに包まれた甘っこい鶏肉と、ちょうどいい塩梅で火が通ったもやしで口のなかがいっぱいになる。ベビースターラーメンがうるさく割れて、気がつけばレタスひと玉があっという間になくなっている。ナッツや大葉などを加えてもおいしいけれど、私はこの食べ方が飽きがこなくて好きだ。

この料理以外には、申し訳ないけれど、もやしというものをほとんど買ったことがない。「萌やす」の語源の通り、もやしはいつも体内に春を抱えている。ハウス栽培のおかげで旬というものを持たないから、永遠に春だけを生きる野菜ともいえる。ずっと昔、どこかの誰かが、発芽した豆の新芽を食べてみることを思いついた。それはおそらく、うららかな春の日だったろう。

三年前の春、集めてきた味の目録を一枚、また一枚と見失ってしまったことがあった。ストレスと疲れが溜まって副鼻腔炎が悪化し、嗅覚がどんどん失われていった。撮影を控えているのに、味も匂いも分からず、試食の際には夫に隣で解説してもらったこともある。当然だが、ひとの言葉を借りて補えるものではない。暗闇に立っていることが一層浮き彫りになるだけで、この仕事を続けられなくなるかもしれないと覚悟した。

味わいと嗅覚との関係において、「口は実験室、鼻は煙突」と言ったのは、フランスの政治家で美食家のブリア＝サヴァランだ。私の煙突は、故障したのだ。

幸いにもいい先生を見つけ、半年間の治療を経て、現在も経過は良好だ。

香りと味が復活したら、世界に色が戻ってきた。今でも、忙しい日が続くと鼻の奥がじんと熱をもってかゆくなる。そうなったら、早めに布団に入るようにしている。

記憶に鮮やかな形を与えてくれたのが嗅覚なら、働きすぎないで自分を大切にしなさいというメッセージを知らせてくれるのもまた、この小さな鼻なのである。

［もやしとベビースターラーメンのレタス包み　p.200］

光の季節

映画『時をかける少女』（大林宣彦監督・一九八三年）の冒頭に、こんなシーンがある。

ある春の日の教室で、「桃栗三年、柿八年、柚子は九年でなりさがる」の続きを答えられる者はいるか？　との教師の問いかけに、原田知世演じる主人公が、

「梨のバカめが十八年」

起立して堂々と暗唱し、教室じゅうがどっと笑う。

そらで言うことができたのは、このことわざを幼い頃から歌にのせて親しんだ記憶があり、しかもそれがとても美しい思い出だったからだ。時間は過ぎて行くものではなくやってくるものなのだという、物語の核になるセリフとともに、改めてこの歌を思い返すと、思い出を持ち続けることの力が胸を衝く。記憶を大切に抱えて、磨き上げて、ひとは成長する。生きていく。

時間は過ぎるものではなく、やってくるものだ。

二〇二〇年の十二月二十一日は、二十四節気の冬至だった。一年でもっとも昼が短く、夜が長い日。柚

子を浮かべた風呂につかって、かぼちゃを食べ、無病息災を願う。また、この日は一陽来復とも呼ばれ、闇の時代が極まり、新しい時代（春）がはじまるとされてきた。

冬本番はこれからなのに、春がくるって？――二十四節気の指標と、実際の体感の差に違和感を抱くひともいるだろう。しかし、暦と実際の季節がずれているとするのは早合点だ。

二十四節気を「光の季節」と表現し、暦と日本の風土を繋げてくれたのが、気象評論家の倉嶋厚だ。太陽は地球の周りを黄道に沿って三六〇度進む。この楕円の軌道を二十四等分し、約一五度進むごとに通過点に名前をつけたのが二十四節気である。冬至の日、太陽は二七〇度の地点にあり、九〇度進めば春分だ。太陽高度に注目してみても、冬至が春のはじまりであるのはもっともなことなのだ。地上の私たちに先立ち、太陽は春を目指している。その光は確実に、山に、海に、野に降り注ぐ。

近所を散歩しながら、木で季節を知る。一緒に木を見ることが、子どもと私の遊びでもある。

北側の斜め向かいの家には、立派なびわの木がある。正面の家の、ひとり暮らしのおばあちゃんには広すぎる庭には、梅の木が何本も生えている。新築の戸建てには、たいていは小さな子どものいる家族が住んでいて、植えられたばかりの木の姿がある。なにが実るかは、だんだんに分かってくるだろう。

義理の両親の家、つまり、夫が育った東京の家には、柚子の木がある。家の駐車場との間の、庭には足りない小さなスペースにそっと育った宝の山。初めて冬に訪れたとき、これからは無料で好きなだけ柚子がもらえるというスケベさでもってうきうきした。以来、毎年冬になると、空のバックパックを持って出かけ、ぎゅうぎゅうにふくらませて帰ってくる。

売るほどもいでくるから、ポン酢を仕込んだり、お風呂に浮かべたり、ちょっとしゃれめいたことをと柚釜(ゆがま)にして茶碗蒸しを作ってみたりする。汁物の吸い口に皮を浮かべるのも、この季節だけの楽しみだ。朝に、夕に、鼻が飽きることはない。

ずっと昔、この柚子の香りをパリから運んできてくれたひとがいた。

ファッション誌の編集部で働いていた頃、パリコレ帰りの先輩が、冷たい包みに入った柚子バターをお土産に持って帰ってきてくれたのだ。

「料理好きでしょう、きっと上手に使ってくれると思って」

十年以上前のことだ。当時はその有名な〈ボルディエ〉のバターの名を聞いたことさえなかった。創業者のジャン＝イヴ・ボルディエ氏は、日本を訪れた際に柚子をとても気に入って、パウダー状にしたものをフランスへ持ち帰り、バターに練り込んだという。これが、ヒット。柚子とバターの組み合わせのおいしさを教えてくれたのは、日本贔屓(びいき)のフランス人だったというわけだ。

柚子をたっぷりのバターとともに食べるスパゲッティを紹介する。

柚子は丁寧に洗って、皮を薄く削ぐ。白い部分が残っていると苦くなるので、包丁を寝かせて水平に動かし、削ぎ落とす。黄色い部分だけになったら、せん切りに。たっぷり用意する。

鍋に湯を沸かし、スパゲッティがあと三分で茹で上がるという段になったら、フライパンを準備する。

難しい調理ではないから、ソースは直前に気楽に作る。フライパンにバターとオリーブオイル、にんにく一片を熱し、香りが立ったら取り出す。にんにくの役割はあくまでも、ソースに厚みとやわらかさを出すため。そこへ、スパゲッティの茹で汁を少し取って混ぜ、乳化させる。

柚子の果汁は、ひとり最低でも半分、できれば一個分。砂糖をほんの少し足すと、柑橘の角が取れる。塩で味をととのえ、茹で上がったスパゲッティを加えて、汁を吸わせる。仕上げに柚子の皮を散らして出来上がりだ。クリーミーで酸っぱくて、こうして書いていても、奥歯と舌の間によだれが溜まってくる。

実りが少なかった私の家にも、住みはじめて六年が経ち、少しずつ色が増えてきた。

小さなテラスには、鉢植えのオリーブの木がある。結婚した十一年前に友人から贈られた木で、特に手入れもしていないのだけど、どんどん大きくなった。三年前、もうひと鉢オリーブを買って並べてやった。相性がよかったようで、今年になって実をつけた。

南側の庭にあるのは、背丈三メートルほどのヤマザクラ。以前の持ち主が植えたらしいが、いちども花の姿を見たことがなかった。

「やっぱり、だめなのかなあ」

夫婦でそんな話もした。それが、一昨年の三月に初めて薄桃色の花をつけた。驚いて夫を呼べば、何日か前から咲いていたと言う。前の持ち主は、この景色をどれほど待ち望んだろう。

たくさんの光を受け取り、それぞれの木の時間が、そっと目の前に置かれて、やってきたのだ。

［柚子とバターのスパゲッティ p.201］

女と白菜

切り売りされていない、丸のままの白菜を見つけることは、都会では奇跡に近い。

先日、バスに乗ったときのこと。進行方向右手に、ちらちら白く光るものがある。焦点が合ってみるとやはり、白菜の大きな尻。八百屋の店先に視線を固定したまま、右手後方を振り返る。残りひとつ。次の停留所で降り、急いで引き返す。

「白菜、ください」

エコバッグを広げながら声をかけると、

「持ってってよ、百二十円」

聞き間違えかと思うほど安い。

わざわざ途中で降りてまで買ったのは、塩漬けにするためだ。今年の冬は白菜が安かったから、浅いのから古漬けまで、何べんも作った。なかでも一週間以上漬けて発酵させた白菜には、酸菜という呼び名があり、鍋に入れて煮込んだものは冬の楽しみのひとつだ。

この酸菜を自分で作ると言うと、たいてい驚かれる。

新鮮な白菜と清潔な密閉容器、それから塩を用意する。必要な塩の量（白菜の重量の三パーセント）を知るために、白菜は必ず重さを量る――と言いたいところだけれど、白菜四分の一個に対して塩大さじ一と覚えておけば、たいてい問題ないと思う。

まず白菜のお尻に十字の切り込みを入れたら、両の手でがっしりつかんで半分に割き、それをまた半分に割いて四等分する。白菜をせん切りにし、容器にどんどん放り込む。塩を振って、まんべんなく行き渡るようにかき混ぜる。表面をぐいぐいと平らにならし、水を加える。発酵に欠かせない水の「あがり」をうながし、失敗を少なくするためだ。

ぴっちりふたをして、一番寒い場所に置く。あとは発酵を待つのみ。二日めには発酵のはじまりを知らせる泡がプップッと出はじめる。待ちきれなくてふたを開けたときの、青りんごのような、メロンの皮のような、香りの軽やかさ。七日から十日経てば色が数段濃くなり、酸味と旨味をたっぷり抱えこんでいる。気温が高くなると発酵がうまくいかないことが多いから、二月が作り納めだ。

酸っぱく仕上がった白菜は、豚の甘い脂とともに鍋にする。

鍋にごま油を熱し、細く刻んだ豚肉を炒める。塩と胡椒で薄く味をつけ、完全に火が通ったところに酸菜を加える。水を足して適度な塩みに薄め、ふたをして二十分煮込めば出来上がりだ。

一番の調味料は、酸菜そのもの。薬味には、香菜（パクチー）とねりごまのタルタルを添える。白菜と豚の滋味が尽きることなく湧き出すようで、食べても食べても飽きるということがない。私はこれを、酸菜香菜、サンサイシャンサイと呼んでいる。軽快な響きの通り、胃にももたれない。

初めて酸菜を漬けたときは、どうなることやらおっかなびっくりだった。でも、答えは目と鼻がちゃんと知っている。料理をしているとき、余計な考えが頭から締め出され、無心に近い状態になることがある。この白菜仕事もそういったもののひとつだ。

夢中で白菜の世話をしていると、必ず思い出すシーンがある。

何年か前に、舞台『阿修羅のごとく』を観に行った。年老いた夫婦と四人の娘たちの物語で、一九七九年に初めてテレビドラマとして放送された。脚本は、故・向田邦子。映画に舞台に、これまで何度もリメイクされてきた。

舞台では、加賀まりこ演じる母・ふじが庭先で白菜を漬ける場面がある。小柄な体でうんと大きな白菜を撫でまわし、そのまわりを四人の娘が取り囲む。女だけの牧歌的な時間が流れるかと思いきや、交わされる視線と会話はきわどい。

火種となっているのが、父・恒太郎だ。恒太郎はどうやら他所に女がいるらしく、娘たちはそのことを知っているが、はたしてふじは勘付いているのか――。結託して探ろうとする娘たちに、ふじは漬物を仕込む手を休めることなく、しらばっくれてみせる。

一九七九年版の初代ふじはどうだったのだろう。ＮＨＫのオンデマンドで順に観てみると、大路三千緒演じるふじが白菜を漬けるシーンが、やはりあった。

舞台と違っていたのは、音である。白菜を漬けるときの、べちょっとした湿り気と重量をともなった音が、テレビのなかにははっきりある。生活を象徴するその音が結界となって、娘たちの気遣いや哀れみの視線からふじを気丈に守っていた。

なんと効果的な小道具だろう。大根では大雑把だし、ねぎを刻むのでは、動きがこぢんまりしすぎる。ふじは白菜のお尻を支え、赤ちゃんの肌着をはがすように葉をひらいては、ちゃっちゃと塩を塗りこめる。白菜を手なずけ、太く暮らしを進める存在としての描かれ方が、やさしく、いじらしい。


白菜は女という性にまつわる記憶を次から次へと引き出す。

料理家・栗原はるみさんのご主人である栗原玲児氏が亡くなったのは二〇一九年のこと。何の本だったか、はるみさんの第一印象を玲児氏はこう書いていた。

新聞紙にくるまれた白菜みたいなひとだと思った――この一文に、ああと声を出して、うれしく打ちのめされてしまった。

清潔感があり、気取りがなくて、安心感と溌剌の両方をもっている。そして朴訥さと、意外にも、たくましさもある。そんな女性像が思い浮かび、ひと組の男女を結んだ縁と時間を思った。

こうなると、愚かにも「私の第一印象ってなんだった？」と夫に聞いてみたくなる質である。野菜にたとえて欲しいというリクエストに、「どうしたの急に」と不思議な顔をしつつも、おもしろそうに考えている。夫がひねり出した野菜の名前。それは、いつか機会があれば書きたいと思う。

［酸菜香菜鍋 *p.202*］

リゾットと東京

リゾットには東京への憧れが詰まっている。

私が大学生だった二十世紀最後の数年は、すでにイタ飯（めし）ブームが到来したあとだった。しかし東京は飽きずにイタリアンが好きであり続け、二十一世紀に入っても着々と居心地のよいレストランが生まれた。イタリアンは手が届く憧れだった。

恵比寿に〈イル・ボッカローネ〉という店がある。半分に割った重さ数十キロのパルミジャーノ・レッジャーノを大胆にも器として使い、くりぬいたなかに熱々のリゾットを入れ、チーズの壁を溶かして仕上げたリゾット・パルミジャーノが話題になり、あっという間にコピーが出回った。

二〇〇〇年に就職活動をしていた私は、同級生が大手広告代理店の男たちに、ＯＢ訪問と称してこのリゾットをごちそうになったと吹聴していたことを思い出す。そんな夢のような食べ物があるなんて、信じられなかった。

広告代理店とは縁のなかった私は、働きはじめてからいろんなレストランへ通うようになった。パスタもいいけれど、好きなのは断然リゾットだ。

米の扱いには慣れているはずだ。それなのに、記念日などに自宅でリゾットを作っても、うまくできた手応えがあまりなかった。

苦節何年かで分かったことだが、まず、凝った具材を複数入れすぎだった。それから、失敗が怖くて何度もかき混ぜてみたりして、結果、ベタッとした仕上がりになってしまうことが多かった。炊くというより、茹でる感覚で勝手にうまくなるのを待ったほうが、リゾットはおいしくなる。

日本人にとってのお粥や雑煮みたいなものだから、見栄を張らないのが一番。季節の野菜で、加熱によって旨味が増すもの——例えばカリフラワーなんか、ぴったりだ。贅沢に丸ごと使い切る。

カリフラワーは包丁を入れず、指先でつぼみをむしるようにしてほぐす。大きさはポップコーンを目安に。包丁で切ってしまうと、鋭い角ばかりが立ち、ざらりとした舌触りになってしまう。少し面倒だけれど、違いは明らか。だから必ず、手で。合わせるのは八角の香り。厚みがあってクリーミーなカリフラワーに、エキゾチックな八角で一本芯を通す。

油で八角の香りを引き出し、米とカリフラワーを炒めたら、湯を注いで煮るだけ。仕上げにフルール・ド・セルや粗塩などを散らすと、メリハリがつく。形をなくす寸前のカリフラワーが、ナッツのような香りを発して米と絡み合い、ちょっと驚くくらいのごちそうである。

イタリアでは、南のひとは小麦を使ったものをよく食べるが、北のひとはお米を好む。

北イタリアのパダーニャに広がる平野は、ポー川の豊かな水に恵まれ、古くから稲作が盛んだった。そのひとつの側面を描いた映画が『にがい米』（ジュゼッペ・デ・サンティス監督／一九四八年）だ。

「労働は過酷です。素早く田植えを片付けた同じ手で、女たちは裁縫も育児もこなします」

ラジオ中継のナレーションから、映画はスタートする。

物語の舞台は五月のとある駅。汽車から吐き出された女性たちが、水田を目指して歩き出す。農婦、タイピスト、工員。さまざまな職業の、さまざまな年齢の女性たちが、出稼ぎにやってきたのだ。

そんな女たちの群れに、警察に追われた男女が身を隠す。盗みを働いたワルテルと、その情婦のフランチェスカだ。しかし、シルヴァーナという女と出会ったことで、物語は思わぬ展開へと進んでいく。

どっぷり水をたたえたライスフィールドと、照りつける太陽。その下で、ひざまで水に浸かって重労働に耐える女たちの見事な太ももが、画面を埋め尽くす。

友情、虚栄心、裏切り。米の強奪、拳銃。夜のダンス、妖しい歌声――エンターテインメント要素が満載だが、時代背景と手法を見れば、間違いなく社会派に分類される映画だ。しかし日本での公開（一九五二年）に際し、配給会社はこの映画にポルノの香りをまとわせて宣伝した。それは、シルヴァーナを演じたのちの大女優、シルヴァーナ・マンガーノの、はちきれんばかりの肢体の魅力によるものだ。

侵入してきた女とは、いるべきではない場所で幸福になる女――デザイナーで作家のソニア・リキエルは、『祝祭』（青土社／一九九一年）に書いた。女たちにどんな結末が待っているのかは、ぜひ映画で。

私がこの映画に惹かれるのは、同じ「女」と「米」でも、米騒動の発端になった、富山の生まれだからだと思っている。

第一次世界大戦によって、物価、なかでも米価は、一時は三倍にまで暴騰した。大正七年（一九一八年）の夏、富山県の漁師の妻たちは、米の廉売を求め、集団で町役場や米屋に押しかけた。この騒動は、のちに全国にひろがることになる。

故郷の女たちが起こした出来事ではあるものの、正直なところ、私にとっては教科書で読むだけの話だった。それが、東京に来てからのほうが、生まれを強く意識することになったのは、必然でもあり、皮肉でもある。

就職活動の最終面接で、履歴書を見た役員のひとりが、

「米一揆の国のひとか。気が強そうだね、きみ」

こう言って苦笑いした。

就職氷河期に幸運にも採用になってから、十八年働いた。貴重な体験ばかりさせてもらった。間違いなく、私を作ってくれた場所だ。

あとになって、その役員の奥様は、なんと私の隣町の出身だということを知った。私は、やはり、米にまつわる記憶に救ってもらってばかりいる。

映画の原題『Riso（米）Amaro（苦い）』のAmaroは、イタリアの食後酒「アマーロ」に同じである。このほろ苦いリキュールがすすむ夜は、たいてい甘い夜である。そういう楽しみも、東京で知ったのだった。


［カリフラワーのリゾット八角の香り *p.203*］

北の春

春は地面をふみしめ、ふみしめ歩く。

一番古い記憶は、富山で過ごした子ども時代。残雪の隙間から顔を出したふきのとうを、学校帰りに摘んで歩いた。むしり取った、と書くほうが正しいかもしれない。泥と雪といっしょくたになったその匂いは、今も鼻の奥にある。まぶたに当たる陽は暖かいのに、足もとはまだ雪が残る、厳しい冬と短い春の間にぽっかりあいた不思議な季節。目の前の生に期待して、子どもはその隙間に立っていた。

人生のはじまりをそんなふうに過ごしたからだろう、常夏の地よりも、寒さにぽっと芽吹く春を見つけるような旅が好きだ。独身の頃はひとり旅ゆえの身軽さで、南より北へ、さらに北のその奥へと向かうことが多かった。

岩手のタイマグラにある〈フィールドノート〉という山小屋を目指したのも、そうしたひとり旅ばかりしていた時期だった。日本じゅうの秘境を旅する友人が、行ってみるといいよと教えてくれた宿で、ご夫婦と三人の子どもたちが暮らす家のひと部屋を分け与えられて、ほかの客人と一緒に数日を過ごした。

東北の春は遠い。ゴールデンウィークだというのに、早池峰山（はやちねさん）にはまだ雪が残っていた。それでもどこを歩けば春があるか、宿の子どもたちはちゃんと体で知っていた。連れ立って一緒にふきのとうを探し、川の端っこに生えるせりを摘み、道すがらカタクリの紅紫色の花が咲く場所へ案内してくれた。ルバーブを採るのも、たらの芽を木から直にもぐのも、私には初めてのことだった。

その日の収穫は、小屋で待つお母さんに晩餐のおかずにしてもらった。雪解け水が勢いよく走る小川では、粋な客人の誰かがビールを冷やしてくれていた。

お母さんが作ってくれたのは、開いたふきのとうに、柔らかく茹でて潰したじゃがいもを詰めた天ぷら。それも、げんこつみたいに大きいのを、たんまり。前歯を立てたときの、大地が湧き出してきたような強烈なおいしさを、今でもはっきり覚えている。土から萌え出た春の菜には、油がよく合う。苦味とえぐみが油で中和され、ほろ苦さは旨味に変わる。

あの思いを東京の台所で味わうなら。

冬の終わりと春の始まりを一緒に巻く。春巻きは揚げ物のなかでも大好きな料理のひとつ。皮に具材を封じ込めて高温で蒸すことができるし、天ぷらやコロッケより支度も調理も簡単だ。

用意するのは、名残の春菊と、走りのせり。ともに寒さのなかで育まれた濃い薫香と独特の歯ごたえがある。とくにせりは、できれば根がついたままのものを。油が根の深い甘さを引き出してくれる。

春菊とせりをさっと茹でてざるにあげておく。香りが飛んでしまうので、水にはさらさない。水分が

残っていると、揚げるときに油がはねてしまうから、粗熱が取れたらしっかり絞ること。刻んで皮にのせ、針しょうがと一緒に包んで揚げるだけ。包む量は少なめにするのがミソで、そのほうが「巻き」が幾重にもなり、サクッと割れる歯ごたえが楽しめる。

切らずにそのままテーブルへ運ぶ。噛むと同時に、熱い土の香りが油の香気とともに立ちのぼる。粗塩と練り辛子をたっぷり添え、あれば季節の柑橘を搾る。春の菜は、土をそのまま蓄えたような性質があって、香りの重心が低い。そこに重心の高いフレッシュな柑橘を合わせると、互いの持ち味を引き立て合うのだ。この季節だけの揚げ物に合わせるのは、ぬるいお燗か、それとも冷えた白ワインか。


春は書斎にこもっているひとの心のドアまでも開く——短編『野道』にこう書いたのは、幸田露伴だ。郵便配達員のもとにも「燕や蝶に春の来ると同じく」春がやってきたらしく、ある日、いくつかの手紙を主人公の男の家に投げ込んで、身を翻して去っていった。そのなかの一通は仲の良い先輩からのもので、「至急」でも「親展」でもなく、「閑時」（暇なときに開封してくれればよい）と書き添えられていたことが余計にうれしくなり、男は真っ先にこの手紙から開封する。

中身は摘み草のお誘いであった。それならばと、男は書斎から野山へ重い腰をあげることにした。

後日、男と先輩一行は、焼き味噌を挟んだ杉板と日本酒の瓢（ひさご）を携え、江戸川土手へ大人の遠足に出かける。真鍮（しんちゅう）の刃を手に、ふざけあっては軽口をたたき、堤下（どてした）や堤上をぶらぶらする若くはない男たち。薺（なずな）に野蒜、蕗（ふき）の芽、忍冬花（すいかずら）……とっておきの野草を見つけては摘み、仲間たちに振る舞う。それらの草に味噌をちょんちょんとつけて、酒で流し込む描写に、読んでいる私の鼻腔は全開になり、まぶたや首筋は陽光でぽかぽかしてくる。この話を初めて読んだとき、セレブリティだった露伴もこんなふうに遊んでいたのだろうかと想像して、一気に親しく感じた。

私はこの季節にこの短編を読むのが好きだ。子どもがふたりいて、働いて、「お母さんって大変だよね」とばかり声をかけられる人生になった。でも、三つ子の魂なんとやら。危なっかしい逃避心は変わらない。間違えて快速特急に乗ってしまったら、行けるところまで行ってしまおうかと思うし、東京駅の新幹線電光掲示板を見るのはいくつになっても飽きない。昼休みに「川　摘み草　食べる　散歩」などとググってみることもやめない。探して、しがみついていれば、叶えられるタイミングはいつかぽとんと落ちてくる。

二〇一一年三月十一日、私は、タイマグラの山小屋はきっと揺れに耐えられないと思った。何度か電話をしてみたがつながらず、数日経って、ブログがたったひと言だけ更新されたのを見つけたとき、ああ、と声が出た。

わずかな時間を過ごした土地の日常が、変わらずに続いていくことを祈る。旅の数だけ祈りは増えていく。子どもたちを連れて、富山の、タイマグラの、そしてまだ知らない土地の野山をたくさん歩きたい。心からそう思う。

［春菊とせりの春巻き　p.204］

ひかりの棒

よい焼き鳥屋と蕎麦屋に共通してあるものは、ねぎだ。

ねぎまにかじりつくとき、太ったねぎが柔らかく歯に当たる感覚があるとうれしい。ほかの串もきっとおいしいと期待してしまう。鴨南蛮のねぎが、熱い蕎麦つゆにぷっくり浮いて、箸で持つと絹糸のようにずっしり重いのもいい。ねぎの存在感ゆえに印象に残っている店が、東京にはいくつかある。

それらのお店にねぎを卸している葱商〈葱茂（ねぎしげ）〉の三代目・安藤将信さんと、ひょんなきっかけで知り合った。東京の下町千住には、日本で唯一のねぎ専門の市「山柏（やまかしわ）青果物市場」が立つと聞いていて、以前から興味を持っていたのだ。

葱商を名乗れるのは、十年以上修業を積んだひとか世襲のみ。東京でも五、六軒しか残っていないそうだ。〈葱茂〉をはじめとする葱商が毎日早朝に集い、農家が選んだねぎを品定めする。なかなか一般の客が入れる場所ではないが、ねぎがずらりと並ぶ姿は壮観だろう。安藤さんの審葱眼に適ったものは、千住をもじった「千寿（せんじゅ）葱」として売られる。スーパーに卸される一般的なものから贈答用の高価なものまで、価格もそれぞれ。オンラインでも買うことができる。当然、数は少ない。

（これはなにか違うぞ）

持っただけでそう感じさせるねぎだ。剣道部出身としては、夜道をこれを持って歩けば鬼に金棒。料理家にねぎ。腹の底から力が湧いてきそうな、硬さと重さなのである。ちょっとやそっと振り回しただけでは、へこたれそうにない。

十二月から最盛期を迎える冬ねぎは、普段は糖度八パーセント前後のものが、果物も顔負けの十八パーセントにまで上がるという。巻きがみっちり濃密で、首の緑と白の境界をやさしく押せば、跳ね返してくる張りがある。明治時代、ある鍋屋が「飛び切り甘くて煮崩れをおこさず、それでいて口のなかへ入れるととろける」と語ったことが評判になり、ぜひうちにもという店が続出したそうだ。

安藤さんの好きな食べ方を聞いてみたところ、天ぷらとのお答え。二〜三センチに切って、かき揚げにするという。次の日の昼に家でも作ってみた。衣のなかで蒸されたねぎは、噛めばむぎゅと歯ごたえあり。舌にのせると、とろりと柔らかい。形が崩れないならばグラタンにもよさそうだと思って作ったのが、今回のレシピだ。

ねぎは大きめのひと口大に切る。フライパンに油をひいてにんにくを炒め、香りがふくらんだら、ねぎを立てて並べる。おいしそうな焼き色がついたらひっくり返す。熱せられた水分が繊維からはみ出してぷくぷくと弾け、甘さがより凝縮されてくる。ねぎと大きさを揃えた山芋を加え、全体が熱くなったら、耐熱皿に移す。このとき、もし鍋肌にねぎや山芋がくっついていたら、スプーン一杯の水を加えて

こそげ落とし、耐熱皿へ一緒に入れてしまう。

生クリームを注ぎ、二種類のチーズを散らしてオーブンで焼けば出来上がりだ。生クリームをフライパンに注がないのは、洗い物を楽にするため。いちど、クリームを入れたら、ねぎと山芋のとろみとくっついて洗うのが大変だった。ふたつの素材の粘りを頼りにして、薄力粉を使わずに仕上げる。ねぎは柔らかく火が通りつつ、起立した姿をまだしっかり残している。そこに山芋のシャクシャクと軽快な音。お酒に合わせるひとはブルーチーズだけでもいいし、小さなお子さんがいる家はブルーチーズはなしにしてもいいだろう。コクがあってさらさらと胃におさまる、スープのようなグラタンだ。

白葱のひかりの棒をいま刻む

暮らし続けていくことへの決意を、俳人、黒田杏子(ももこ)はねぎに託して詠んだ。土を落として水で洗われた、濡れたねぎの肌。朝日を受けて輝くのか、それとも蛍光灯の下に浮かびあがる白さか。発光するねぎを、今、まさに自分が刻んでしまおうと息を詰めた一瞬。生活なんて退屈な時間の連続であるという大局観があるからこそ、この小さな時間を肯定するみずみずしさが際立つ。包丁の主は、ねぎの美しさにほれぼれすると同時に、励まされているのではないだろうか。

連載のタイトルを「土を編む日々」に決めたとき、この句が頭にあった。黒田杏子の感情の動かし方でもって、そして、『土を喰う日々』で水上勉が綴った率直さでもって、野菜を扱ってみたいという憧れがあった。思いのままに声を引き出す力は、まだまだ。しかし、一年を通して野菜に触れ、脳みそに汗をかく時間は、ささやかな感性の元本を育んでくれると信じている。

千住からの帰り道、千寿葱を扱う蕎麦屋へ寄った。

注文を待つ間に、お手洗いに立った。すると、厨房と客席を仕切る藍色の暖簾の隙間に、まな板に二本並んだ真っ白なねぎが見えた。ご主人は息を詰め、肩が少しだけ隆起した。そしてタンッ。よく切れる包丁で、まっぷたつ。

今日も日本じゅうでねぎを刻むひとがいる。私もそのひとりである。

［ねぎと山芋のグラタン p.205］

p.008

独活（うど）と蛤（はまぐり）の鍋

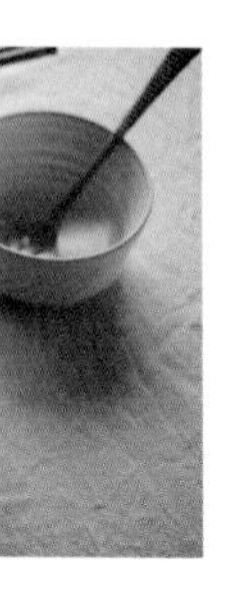

●材料（直径約17㎝の鍋で作りやすい量）

蛤…4つ
独活（茎の部分）…1本分
かぶ…中くらい1個
水…300～400㎖くらい
昆布…好みの量
白味噌…好みの量
酒粕…好みの量

●準備

蛤は砂出しをしておく。昆布を水にひたしておく。野菜を下茹でするための湯を沸かす。

●作り方

①鍋に水と昆布、蛤を入れて弱火にかけ、沸騰直前に昆布を取り出す。

②その間に茎の皮をむいた独活を短冊に切り、1～2分水にさらして引き上げる。かぶはさいの目に切る。

③独活とかぶを1分下茹でして、ざるにあげておく（野菜から水分が出てスープがずるずると水っぽくなるのを防ぐため）。

④蛤の殻が開いたら、白味噌と酒粕を溶き、独活とかぶを加えてふたをする。再び沸く直前に火を止める。

●心がけ

・独活は食感を残したいので、煮すぎないこと。

・白味噌と酒粕の分量は3対1が目安。溶けにくいので、まず小さなボウルに入れ、そこに煮汁を加えて溶いてから、鍋に戻すとよい。

この本の計量単位
※大さじ1＝15㎖、小さじ1＝5㎖、1カップ＝200㎖、1合＝180㎖です。※明記されていない場合は、作りやすい分量で作ってください。ただし、味見はお忘れなく。※野菜を洗うなど、一部手順を省略しています。各自、ご判断をお願いします。

p.013

トマトを慕うサラダ

●材料

トマト…ひとり1個
レタス…好みの量
ラディッシュ…好みの量
きゅうり…好みの量
アンチョビフィレ（ひとり2〜3枚）
…好みの量
くるみ…好みの量
パルミジャーノ・レッジャーノ…好みの量
オリーブオイル…好みの量
塩…好みの量

●準備

湯むき用の湯を沸かし、冷水を張ったボウルも用意する。アンチョビはさっと洗って5分水に浸け、余分な塩を抜く。

●作り方

①トマトはヘタを取って、お尻に浅く十字の切り込みを入れ、熱湯に入れて転がす。皮が少しめくれたら冷水に取り、皮をむく。
②レタスは食べやすい大きさにちぎる。ラディッシュ、きゅうりは好きな厚さに切る。
③トマトのまわりに野菜を盛り付け、薄く削ったパルミジャーノ・レッジャーノ、手でちぎったアンチョビ、トマトの皮、粗く刻んだくるみを散らす。
④塩を振り、オリーブオイルを回しかける。

●心がけ

・口内で味を探すように、よく嚙んで味わう。
・アンチョビやチーズの代わりに、ツナやゆで卵、オリーブなど、好きなものを加えて楽しんで欲しい。トマトだけでも構わない。ナイフとフォークで食べてみると、味わいも違う。

p.018

ニラのお焼き

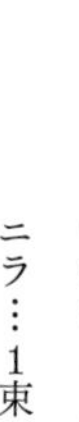

●材料（直径25㎝のフライパン1枚分）

ニラ…1束
長ねぎ…ニラの半分程度
卵…1個
塩…2〜3つまみ
醤油…少々
薄力粉…大さじ4〜5
油…小さじ2

●作り方

①ニラと長ねぎを長さ5㎜〜1㎝に刻んでボウルに入れる。塩、卵、醤油を加えて混ぜる。

②1〜2分置くと野菜から水分が出てしっとりしてくるので、そこへ薄力粉を加えてさらに混ぜ合わせる。水は極力加えない。どうしても生地が固い場合は、小さじ1程度を様子を見ながら加える。

③フライパンに油を熱し、生地をいちどに流し入れて弱めの中火で焼く。2〜3分焼き、表面がべとつきがなくなって固まってきたら裏返し、さらに2〜3分焼く。

●心がけ

・主役はニラ。長ねぎはニラの半分程度の量で構わない。

・醤油は香りづけ程度にとどめ、塩で味をつけるようにする。辛子醤油などを別に添えてもいい。

・フライパンの真ん中に落としたときに、生地が勝手に広がっていくようだとシャバシャバすぎる。スプーンで伸ばしてようやく円形に広がるくらいでよい。

p.023

春豆のバター蒸し

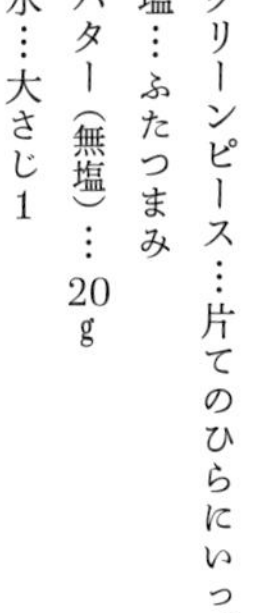

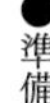

●材料（直径16cmの鍋で作りやすい量）

スナップエンドウ…10個ほど
絹さや…10個ほど
グリーンピース…片てのひらにいっぱい
塩…ふたつまみ
バター（無塩）…20g
水…大さじ1

●準備

下茹で用の湯（分量外）を沸かす。同じ鍋で蒸し焼きにするので、ふた付きの鍋がよい。ざるを用意する。

●作り方

①絹さやとスナップエンドウは筋を取る。スナップエンドウはふたつに切る。グリーンピースはさやから出す。

②鍋の湯が沸騰しそうになったら火を弱め、豆をいちどに加えて1分茹でる。

③ざるにあげ、水にはさらさずそのまま休ませる。

④鍋の湯を捨てて豆を戻したら、塩、バター、水を加え中火にかける。全体を2、3回大きく混ぜ、ふたをして1分蒸す。

●心がけ

・下茹での湯はぐつぐつ煮立てず、おだやかにじんわり火を入れる。
・歯ごたえを楽しみたいひとは右記④の加熱時間で。やわらかいほうが好きなひとは、蒸す時間を15秒、30秒と様子を見ながら長くしてみる。
・作ったらすぐに食べる。

p.028

きんぴらフランス

●材料（直径25cmのフライパンで作りやすい量）
ごぼう（できれば泥付き）…1本（60cm程度）
人参…ごぼうの⅓量
油…大さじ1弱
砂糖…小さじ1
醤油…ふた回しくらい
白ごま…好みの量
バゲットやバタールなどのフランスパン

●作り方
①ごぼうは泥を洗い落としてから皮付きのまま斜め薄切りにし、さらにマッチ棒程度の太さのせん切りにする。人参も同じように切る。ごぼうは水に1〜2分さらし水気を切っておく。
②フライパンをじゅうぶん温めてから油をひき、ごぼうと人参を炒める。火は強めの中火をキープする。片手に菜箸、片手に木べらや木製スプーンを持って炒めると、具材が扱いやすく、手早く均一に火が通る。
③2〜3分してごぼうが透き通ったら、砂糖を加えてなじませる。火を止めてから醤油を回しかけ、全体に染みるように混ぜ合わせる。白ごまを指先でひねり潰して加える。
④バゲットを厚さ2cmに切り、真ん中に切り込みを入れて、きんぴらごぼうを挟む。

●心がけ
・ごぼうは水に長時間さらすと水っぽくなってしまう。1〜2分ひたして軽くゆすぐ程度でじゅうぶん。
・炒める際にフライパンをあおって具を躍らせる方法もあるが、家庭の火力だとどんどん温度が下がり、ごぼうが水っぽくなる。
・子どもも食べるので、鷹の爪は加えていない。辛さを加えたい場合は、最後に七味を振る。

p.033

フライドポテト にんにくの香り

●材料

じゃがいも（キタアカリを使用）…5〜6個
にんにく（皮付きのまま）…4〜5片
油…好みの量
塩…好みの量

●作り方

①じゃがいもはよく洗い、皮付きのまま半分に切る。大きければ、さらに半分にする。
②布巾に押し付けるようにして水気をきっちり拭き、断面を下にしてフライパンに敷き詰める。隙間ににんにくも並べる。
③そこへ油を注ぐ。高さはじゃがいもの背丈の半分。ふたをして火をつけ、弱火で揚げはじめる。シュッシュと気泡がたってから5分ほど待ち、ひっくり返し、ふたをしてさらに5分ほど揚げる。竹串を刺してみてすーっと通ればOK。
④ふたを外して強めの中火にし、一気に水分を飛ばしてカリカリに仕上げる。菜箸でノックしてみて、コツンと返ってくる手応えがあれば出来上がり。
⑤引き上げたら、熱いうちに塩を振る。

●心がけ

・じゃがいもを並べてから油を注ぐことで、最少限の量の油で済む。油はお古で可。
・弱火で揚げはじめたら、むやみに触らないでそっとしておく。
・にんにくは皮をむいて食べる。ホクホクしておいしい。
・青のりを振って、子どものおやつにしてもいい。

p.038

焼き竹の子 山椒の香り

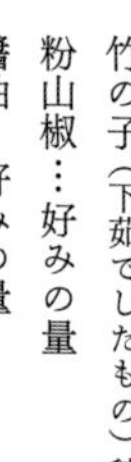

●材料

竹の子（下茹でしたもの）穂先の部分
粉山椒…好みの量
醬油…好みの量
木の芽…好みの量

●竹の子の下茹で方法

①先端を少し切り落とし、垂直に切り込みを入れる。

②じゅうぶんな深さのある鍋に入れて水を張り、米ぬかと鷹の爪を加えて火にかける。1時間半〜2時間弱茹でる。途中で水が少なくなってきたら、そのつど足す。

③竹串を刺してすうっと通れば、火を止めてそのまま冷ます。

●作り方

①竹の子は皮をむき、穂先を6〜8等分に切り分ける。

②粉山椒を醬油に散らして香りを移し、その間に焼き網を用意しておく。焼き網がなければ、オーブントースターや魚焼きグリルを使う。

③山椒醬油を、竹の子の大きさに合わせた皿や容器に入れる。竹の子の断面をちょんちょんと浸しては、網にのせて炙る。表面を乾かすような気持ちで、別の面を浸しては炙り、また別の面を浸して、を繰り返す。

④おいしそうな焼き色がついたら出来上がり。木の芽をたっぷり散らす。

●心がけ

・粉山椒は、スーパーのスパイスコーナーにたいていある。

・山椒醬油は刷毛（はけ）で塗るのが上品だけれど、持っていなければ、右記③の方法で。

・竹の子は下茹での汁に浸けて冷蔵庫で保存すれば、4〜5日はもつ。姫皮はお吸い物に、根元は炊き込みごはんや煮物に。

P.043

アスパラガスのカリカリのせ

●材料

アスパラガス…好みの量
（フライパンに重ならずに並ぶ量で）
ベーコン…好みの量
パン粉…好みの量
オリーブオイル…小さじ2くらい
塩、胡椒…少々
卵…ひとり½個

●作り方

①アスパラガスは根元の硬い部分の皮をむいて、長いものは半分に切っておく。

②ベーコンをみじん切りにして、胡椒を振ってフライパンで煎るように炒める。カリッとしたらパン粉を加え、旨味を移すつもりでよく炒め合わせる。

③パン粉がカリカリになったら味を見て、塩気が足りないと感じたら塩を少しずつ加える。ボウルや皿に引き上げる。

④同じフライパンにオリーブオイルを熱し、アスパラガスを重ならないように並べて薄く塩を振る。弱火でじっくり焼き、ひっくり返してさらに焼く。ひとつつまんで食べてみて、好みの硬さになったら皿に盛る。

⑤ベーコンとパン粉をのせ、ふたつに割った半熟ゆで卵を添える。

●半熟ゆで卵の作り方

鍋に水を入れて火にかけ、沸いてから卵をやさしく入れる。卵は冷蔵庫から出してすぐの状態で構わない。6分40秒茹でて、氷水に引き上げる。身がぎゅっと引き締まり、殻がきれいにむける。1〜2分待って粗熱が取れてから、殻をむく。

p.050

うちのカレー

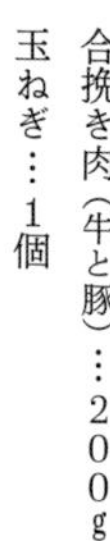

●材料（4皿分）

合挽き肉（牛と豚）…200g
玉ねぎ…1個
じゃがいも…2個
ニラ…1束
塩、胡椒…少々
油…大さじ1
クミンシード…小さじ1
にんにく（みじん切り）…好みの量
生姜（すりおろし）…好みの量
水…適量
ウスターソース…大さじ1弱
ケチャップ…大さじ1弱
スパイスミックス（S&Bの赤缶カレー粉を使用）…小さじ5〜6
ごはん…好みの量
卵…4個

●作り方

①玉ねぎとじゃがいもはひと口大に切る。
②フライパンに油、クミンシード、にんにくを熱し、香りが立ったら合挽き肉を加える。塩と胡椒、スパイスミックス（小さじ2）を振りかけ、焼き色がつくまで中火で炒める。
③玉ねぎとじゃがいもを加えてさらに炒め、全体に油がなじんだら、水を加えてふたをする。水の量は具材の頭が少しだけ出るくらい。
④20分煮たら、泡立て器やスプーンなどで野菜を潰す。水分が少なければ足す。
⑤ウスターソース、ケチャップ、スパイスミックス（小さじ3〜4）を加えて味をととのえ、刻んだニラと生姜を入れて5分煮る。
⑥味見して物足りなければ、塩とスパイスミックスを少しずつ足して様子を見る。ごはんにかけ、半熟ゆで卵（作り方は181ページに）を添える。

●心がけ

・合挽き肉はしっかり火を通す。鍋を横目で監視しつつ野菜を切れば、時間の節約になる。
・S&Bの赤缶は小さなサイズを買って、使い切ってはまた新鮮なものを買う。

p.055

うめぇトマト豚しゃぶ

●材料（3～4人分）

豚肉しゃぶしゃぶ用…200g
トマト…2個
梅干し…2個
おろし生姜…好みの量
砂糖…ティースプーンの先っぽに少し
片栗粉…大さじ2
塩、胡椒…少々

●作り方

①トマトは皮付きのまま粗めのみじん切りにする。梅干しは種をとり、包丁で叩く。
②密閉容器にトマト、梅肉、おろし生姜、砂糖を加えてよく混ぜ、冷蔵庫へ。少なくとも30分以上置いて味をなじませる。
③鍋にしゃぶしゃぶ用の湯を沸かす。その間に、豚肉に薄く塩胡椒を振って片栗粉をまぶす。肉と肉をパンパンとはたいて余分な粉を落とし、ごく薄化粧にする。
④湯が沸いたら、弱火にしてから豚肉を入れる。箸でやさしくほぐしながら、火が通ったらざるにあげて自然に冷ます。器に豚肉を広げ、②の〝うめぇトマト〟をのせる。

●心がけ

・トマトの大きさ、水分量、梅干しの塩分によって、味わいが変わる。味見してみて物足りないようなら、梅干しを足す。
・いちどにたくさんの豚肉を入れすぎると、お湯の温度が急激に下がってしまう。肉の量が多い場合は、大きな鍋に湯を沸かすか、肉を複数回に分けて茹でるか、どちらかで。

p.060

モロヘイヤと豚肉のワンタン

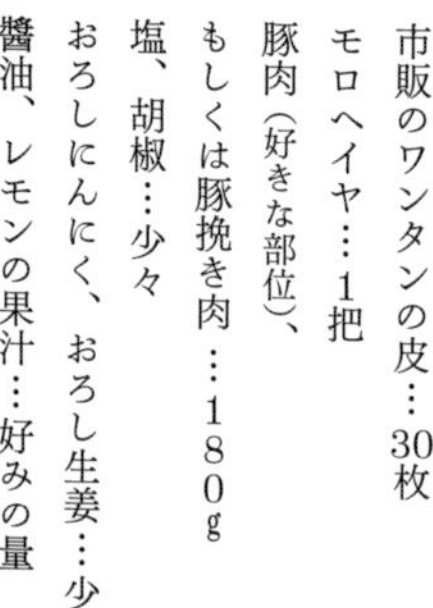

●材料（30個分）

市販のワンタンの皮…30枚
モロヘイヤ…1把
豚肉（好きな部位）、
もしくは豚挽き肉…180g
塩、胡椒…少々
おろしにんにく、おろし生姜…少々
醤油、レモンの果汁…好みの量

●ワンタンの作り方

①モロヘイヤは茎の下から3分の1を捨てる。濡れたまま耐熱容器に入れ、ふんわりラップをして1分加熱する。しんなりさせて扱いやすくする。粗熱が取れたら軽く水気を絞り、包丁でこまかく刻んでぬめりを出す。
②豚肉はフードプロセッサーで挽く。フードプロセッサーがない場合は、包丁でこまかく刻み、刃で根気強く叩く。それも面倒なひとは市販の挽き肉を用意する。
③ボウルに挽き肉を入れ、塩、胡椒、醤油、おろしにんにく、おろし生姜を加えて手でよく練る。おろし生姜はタレにも入れるので少しだけ残しておく。
④モロヘイヤを加えてよく混ぜ合わせる。これであんは出来上がり。
⑤ワンタンの皮の中央にあんをスプーン1杯分のせ、三角に折り、端を内側に折りたたむ。
⑥鍋に湯を沸かし、お玉で軽く2〜3回かき混ぜてからワンタンをひとつずつ落とす。ワンタンが浮きあがってから3分茹で、引き上げる。タレにワンタンをくぐらせて食べる。

●タレの作り方

醤油とレモンの果汁を、好きな配合で混ぜる。おろし生姜を風味付け程度に加える。

●心がけ

・レンジがない場合は、モロヘイヤを1分茹でてから刻む。
・ワンタンを器に盛る際、茹で汁も少し入れると、皮がくっつかない。

p.065

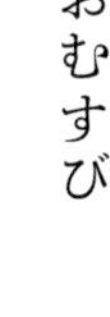

大葉のおむすび

●材料

ごはん
大葉
にんにく
生姜
醬油
一味唐辛子
以上、すべて好みの量

●作り方

①清潔な密閉容器に醬油を入れ、にんにくと生姜の残り端をポンポン入れておく。1日経ったあたりから、味わいが染み出してくる。
②このにんにく生姜醬油に一味唐辛子を加え、よく洗って水気を拭いた大葉を漬ける。大葉と同じくらいの大きさの容器を使うとよい。1枚漬けては、スプーンでにんにく生姜醬油をかけ、さらに1枚漬けては、にんにく生姜醬油をかけて……を繰り返す。最低でも30分漬ける。ベストは半日以上。
③ごはんをおむすびにして、大葉で巻く。

●心がけ

・どうしても時間がないときは、醬油にすりおろしにんにくと生姜を加えてよく混ぜてもよい。ただし、量は風味付け程度にほんの少し。

p.070

なすびのよごし

●材料（作りやすい分量）

茄子…5本
油…大さじ1くらい
味噌…大さじ1くらい

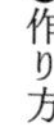

●作り方

①茄子はヘタを取って縦半分に切ってから、厚さ2～3㎜の半月切りにする。その間に鍋に湯を沸かし、沸いたら茄子を入れる。

②3分ほど茹で、皮のふちがうぐいす色に透き通ってきたら、ざるにあげて自然に冷ます。

③手で握れるくらいまで冷めたら水分を絞る。あまりきつく絞りすぎず、少ししっとり重みを残す。

④フライパンに油を熱して茄子を加え、油が全体になじんで、かさが3分の2程度になるまで炒める。

⑤火を止めてから味噌を加え、余熱で丁寧に混ぜ合わせる。

●心がけ

・茄子のかさがぐっと減るので、いちどにたくさん作るとよい。最低でも3本、多いぶんにはいくらでも。

p.075

焼きおむすびのみょうがあんかけ

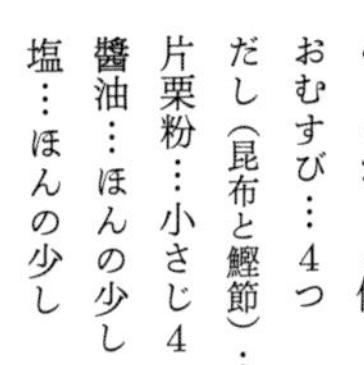

●材料（4人分）

みょうが…4個
おむすび…4つ
だし（昆布と鰹節）…400ml
片栗粉…小さじ4
醤油…ほんの少し
塩…ほんの少し
味噌…好みの量

●作り方

①みょうがは先端から薄い小口切りにして、さっと水にさらして水気を拭く。

②だしから小さじ4を取り置き、片栗粉を溶く。

③お椀の大きさに合わせておむすびを作り、味噌を塗ってガス火やオーブントースターで色よく焼いておく。

④鍋にだしを温め、醤油で味をととのえ、②の片栗粉を流し入れてとろみをつける。味を見て足りなければ塩を足す。

⑤みょうがを入れて、ひと煮立ちする直前に火を止める。おむすびにみょうがのあんかけを注ぐ。

●みょうがの甘酢漬けの作り方

・熱いみょうがあんの箸休めとして、よく冷えた甘酢漬け（写真左奥）を添えるのもよい。

・みょうが（6個）は半分に切ってから熱湯で1分茹でてざるにあげ、自然に冷ます。ボウルに酢大さじ3と砂糖小さじ2を入れ、塩をふたつまみ加えてよく混ぜる。ここに水気を拭いたみょうがを入れ、漬け汁がまんべんなくなじむように混ぜる。密封できる保存袋に移し替え、冷蔵庫へ。容器より袋を使ったほうが、少ない調味料でしっかり漬かる。半日置けば食べ頃。冷蔵で3〜4日もつ。

・5㎝角に切った昆布も一緒に漬けておくと、柔らかい酢昆布ができる。1㎝角に刻んで、みょうがに添えて盛りつける。

p.080

真夏の天ぷらと素麺

●材料（4〜5人分）

オクラ…5本
かぼちゃ…1/4個
ししとう…5本
ゴーヤ…1/2本
とうもろこし…1本
いんげん…8本
鶏ささみ…3枚
油…深さ3㎝が目安
薄力粉…100g
卵…1個
水…100ml
素麺…人数分
好みの麺つゆ

●作り方

①まずボウルや鍋に氷水（分量外）を張り、ひと回り小さいボウルをのせる。こうすることで、衣が冷たいまま調理できる。
②ボウルに水100mlを入れ、卵1個を割り落としてよく混ぜる。そこに薄力粉100gを加え、箸で2〜3回大きくかき混ぜる。
③オクラとししとうは破裂防止に包丁で切り込みを入れ、かぼちゃは好きな厚さに切っておく。ゴーヤは縦半分に切ってスプーンで種をかき出し、食べやすい厚さに切る。とうもろこしは包丁で実をこそげ落とす。ささみは切り込みを入れて均一な薄さになるように広げ、麺つゆをまぶして15分置く。
④鍋に油を熱する。深さは3㎝あればじゅうぶん。乾いた箸先を沈めてみて、細かな泡が出てシューシューと音を立てればOK。
⑤オクラ、かぼちゃ、ししとう、ゴーヤを衣にくぐらせて油に落とし、衣が固まったらひっくり返す。持ち上げてみて軽さを感じたら、引き上げる。
⑥いんげんは長さ5㎝に切り、「井」の字を作るように重ねて、かき揚げにする。
⑦とうもろこしは小さなボウルに入れ、そこへ衣をかけて、軽く混ぜ、スプーンですくってスライドさせるように油へそっと流し込む。固まってからひっくり返す。
⑧ささみは麺つゆを拭いて衣にくぐらせ、火を少し弱めて野菜より時間をかけて揚げる。
⑨素麺は表示通り茹でて、冷水でよく洗う。麺つゆを添え、テーブルへ。

p.085

アボカドとライムの冷たいスープ

●材料（2人分）

アボカド…1個
ライムの果汁…½個
冷水…大さじ3くらい
生クリーム…大さじ3くらい
しょっつる…大さじ1くらい

●作り方

①大きめのボウルや鍋に氷と水を張り、ひとまわり小さいボウルを浮かべる。
②小さいほうのボウルに、半分に切ってから種を取り、スプーンでくりぬいたアボカドの果肉を入れる。
③ライムの果汁と冷水を加え、泡立て器で混ぜて滑らかにする。このとき種も一緒にボウルに入れると、アボガドの変色を防げる。
④生クリームを足して好きな濃度にのばしたら、しょっつるで味をととのえる。

●心がけ

・熟したアボカドを使ったほうが、泡立て器で楽に潰せる。まだ硬い場合は、ミキサーを使ってもいい。
・冷たさもおいしさのひとつ。使う食材はもちろん、器も直前まで冷蔵庫で冷やしておく。
・87ページの写真のように泡立て器のなかに種が入り込むというアクシデントがあったが、これがかえって混ぜやすい。

p.092

甘じょっぱいローズマリー焼きいも

●材料（2〜3人分）
さつまいも…1〜2本
（フライパンに重ならずに並べられる量）
油…大さじ1くらい
ローズマリー…好みの量
はちみつ…大さじ2くらい
水…大さじ2くらい
粗塩…少々
バニラアイス…好みの量

●作り方
①さつまいもはよく洗って、皮付きのまま鍵盤ハーモニカの鍵盤くらいの大きさに切る。2〜3分水にさらしてから、よく拭く。
②フライパンに油を熱し、さつまいもを並べてローズマリーをのせる。ふたをして弱めの中火にし、3〜4分焼いては別の面を下にし、ふたをしてさらに3〜4分焼いて、を繰り返し、4面すべてを焼く（その間に、はちみつと水をボウルに入れて溶いておく）。
④竹串で刺してみてすうっと通れば、いったん火を止める。はちみつ水を流し入れ、再び火をつけて、まんべんなくさつまいもに絡むように混ぜる。
⑤水気がなくなったら火を止め、粗塩を振る。器に盛り、バニラアイスを添える。

●心がけ
・塩は細かいサラサラしたものではなく、舌に粒がざらっとのるほうがおいしい。
・はちみつのほうが水となじみやすく、均一に広がって調理が楽。なければ、粉砂糖やメープルシロップなどでもよい。

p.097

れんこんのステーキ

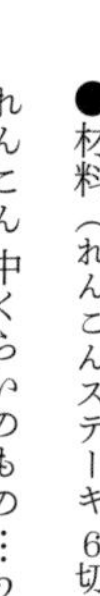

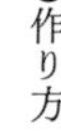

●材料（れんこんステーキ6切れ）

れんこん中くらいのもの…2節
にんにく…½片
アンチョビフィレ…4〜5枚
油…好みの量
塩…少々
胡椒…好みの量

●作り方

①れんこんは皮付きのまま2〜3㎝の厚さに厚めに切って、3分ほど水にさらす。その間に、にんにくとアンチョビを細かく刻んでおく。

②フライパンに油を多めにひき、にんにく（みじん切り）を入れて火をつける。

③にんにくの香りが立ちのぼってきたら、水気をよく拭いたれんこんを並べる。ふたをして中火で2〜3分焼き、薄く塩を振ってひっくり返し、ふたをしてさらに2〜3分焼く。れんこんの穴から油がシュワシュワはじけるくらいの火力をキープする。

④竹串で刺してみて、もう少しだけ焼きたいと思うところでアンチョビを加え、全体を混ぜ合わせたら火を止めてふたをする。

⑤余熱でさらに2〜3分火を通す。皿に盛り、胡椒をたっぷり挽く。

●心がけ

・アンチョビは焼きすぎると硬く、しょっぱくなってしまう。余熱でじゅうぶん。
・れんこんに焦げる手前のいい焼き色がついているのも、また新たなおいしさ。

p.102

小松菜とマッシュルームのサラダ

●材料（2～3人分）
小松菜…2株
ごま油（白い純正ごま油を使用）…小さじ2くらい
生のマッシュルーム…好みの量
パルミジャーノ・レッジャーノ…好みの量
レモン…1/3個くらい
粗塩…少々

●作り方
①小松菜は洗って、水分をやさしく拭く。葉と茎の境目を折り、葉は手でちぎり、茎は食べやすい長さに折る。
②ボウルに入れてごま油をかけ、指を使ってやさしく混ぜながら、油を葉になじませるように塗る。
③マッシュルームは布巾で軽く拭き、薄く切っておく。
④皿に小松菜を広げてマッシュルームをのせ、レモンを搾り、すりおろしたパルミジャーノ・レッジャーノ、粗塩を散らす。

p.107

かぼちゃの はちみつ煮

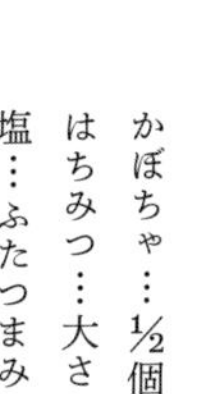

●材料（3～4人分）

かぼちゃ…½個
はちみつ…大さじ1
塩…ふたつまみ
水…少々

●作り方

①かぼちゃは大きめのひと口大に切る。

②鍋に入れて塩を振り、手でよく混ぜ合わせる。次にはちみつを加え、かぼちゃの肌全体に行き渡るように手でなじませて15分置くと、しっとり汗をかいてくる。このとき、皮面を下にして、なるべくかぼちゃが重なり合わないように平らにしておくこと。

③鍋の深さ1㎝まで水を注ぎ、ふたをして中火にかける。シューシュー音がしてきたら弱めの中火にして3分蒸し煮にする。ふたをあけてかぼちゃをひっくり返し、再びふたをして、弱めの中火でさらに3分火を通す。

④ふたをあけて少し火を強め、残った水分をかぼちゃにまとわりつかせるつもりで、大きくやさしく混ぜる。

●心がけ

・もし焦げつきそうになったら、火が強すぎる。火を弱めて、水を少し足す。

・はちみつがない場合は、みりんでも構わない。かぼちゃによくなじませ、15分置いてから煮る。

p.112

三種のきのこの揚げ煮

●材料

マシュルーム（白）、しいたけ、ひらたけ…あわせて３００g
塩…ふたつまみ
オリーブオイル…50ml
にんにく…1片
バルサミコ酢…大さじ1
パセリ…好みの量

●作り方

①きのこは表面を布巾で軽く拭く。マッシュルームとしいたけは石突きを取る。しいたけは、大きなものは手で半分に割く。ひらたけは大きめのひと口大にほぐす。

②底の厚い鍋にきのこを入れ、塩をなじませて10分ほど置く。表面に汗をかいてきたら、潰したにんにくとオリーブオイルを加え、よく混ぜてなじませる。

③ふたをして、弱火で煮はじめる。鍋からクツクツと音がしてきたら、ふたをあけてきのこを裏返し、再びふたをする。水分が出てきて、きのこがひたひたに浸る高さにあがってくるまで待つ。目安は20分。

④きのこをボウルに取り出し、熱いうちにバルサミコ酢とみじん切りパセリを加えて和える。残ったオイルは、パスタや炒め物などに使う。

p.117

塩もみキャベツと豚肉の炒めもの

●材料（直径25㎝のフライパンで作りやすい量）
キャベツ…4〜5枚
塩（キャベツの塩もみ用）…4〜5つまみ
豚ロース（ブロック）…120g
油…小さじ2
黒酢…大さじ½
塩、胡椒、クミン…各好みの量

●作り方
①キャベツは食べやすい大きさに手でちぎる（外側から2、3枚は苦いことがあるので、生でかじってみて確認を）。塩を振ってよく混ぜ、小皿などで重石をして20分以上置く。しんなりしたら水気をよく絞る。
②キャベツに重石をしている間に、豚ロースを厚さ2〜3㎜に切り、火が通るまで茹でる。ざるに上げて水気をしっかり拭く。
③フライパンに油をひいて火をつけ、豚肉を入れて塩胡椒をする。全体を混ぜ合わせたらいったん火を止め、黒酢をまぶす。再び火をつけ、豚肉に絡ませるようにして混ぜる。
④次にキャベツを加え、豚肉の旨味をまとわせるようにして、たまにひっくり返し、キャベツをまんべんなく熱くする。最後にクミンを加えてさっくり混ぜ合わせる。火は終始、強めの中火で。
⑤キャベツと豚肉を交互に重ねて盛りつける。

●心がけ
・キャベツはたくさん入れすぎないこと。早く、均一に全体を熱くしたいので、フライパンに重ならずに敷き詰められる量にする。

p.122

人参とみかんのラペ

●材料
人参…2本
みかん…2個
塩…小さじ2
オリーブオイル…大さじ1弱
クミンシード…好みの量
酢…好みの量

●作り方
①人参はすりおろし器でおろし、塩を振って混ぜ、しばらく置く。出てきた水分をしっかり絞る。
②みかんは皮をむき、包丁の先端を使って薄皮や白い筋を実から取り除く。
③ボウルに人参とみかんを入れ、オリーブオイルを加えて混ぜる。味をみながらクミンシードと酢を加えて、和える。

p.127

里芋と白味噌バターのスープ

●材料（4人分）
出汁（鰹節と昆布）…600ml
里芋…8個
白味噌…大さじ1½
バター…30g
和辛子…少々

●作り方
①里芋は厚めに皮をむいて3分水にさらしてから、表面のぬめりをさっと洗い流す。
②鍋でだしと里芋を煮る。ふたをして、途中でアクを取りつつ、竹串を刺してみて柔らかくなるまで火を通す。目安は15〜20分。
③白味噌とバターを溶かす。味をみて足りなければ、白味噌を足す。
④器に里芋を盛ってから汁をかけ、和辛子をのせる。

●心がけ
・里芋は買ってすぐにたわしでよく洗い、ひと晩乾かしておくとよい。皮がむきやすくなる。
・和辛子が手に入らなければ、市販のチューブの辛子でよい。

p.134

青菜と焼き餅のお粥

●材料（直径20㎝ほどの土鍋で作りやすい量）
米…½カップ
水…600ml
塩…ひとつまみ
よもぎ餅…ひとり1〜2個
青菜（大根やかぶの葉などお好みで）…好みの量
青菜に振る塩…適量

●作り方
①米はさっと洗ってざるにあげる。
②土鍋に米と水を入れ、塩をひとつまみ入れてかき混ぜて、中火にかける。このときふたはしない。
③沸騰しそうになったら木べらなどで鍋の底をやさしく混ぜ、米がくっつくのを防ぐ。2㎝ずらしてふたをして、弱火にして40分ほど炊く。
④その間に、大根やかぶなど好きな野菜の葉を刻んでボウルに入れ、塩を振ってまんべんなく混ぜておく。オーブントースターや焼き網でよもぎ餅を焼く。
⑤そろそろ炊けそうだという時間になったら、葉の水分をよく絞り、お粥のうえに広げる。軽く混ぜてふたをし、1分蒸らす。
⑥器に盛り、焼いた餅をのせる。

●心がけ
・途中で水分が少なくなってきたら、様子をみながら湯を加えて、好みのゆるさにする。
・青菜をすぐに調理しないときは、食べやすい大きさに刻んで塩を振っておくだけで、日もちがよくなる。

p.139

大根のすき焼き

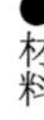

●材料

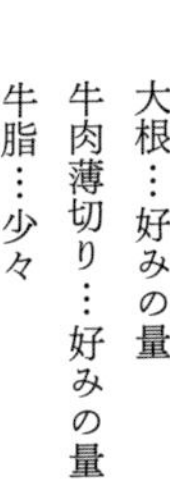

大根…好みの量
牛肉薄切り…好みの量
牛脂…少々
砂糖（てんさい糖を使用）…好みの量
醤油…好みの量
日本酒（なければ水）…好みの量
卵…ひとり1個

●作り方

①大根はスライサーですりおろす。もしくは包丁で向こうが透けるくらい薄く切る。
②鉄鍋に牛脂を温め、まんべんなく鍋肌にこすりつける。
③鉄鍋の半分に牛肉を広げ入れ、もう半分に大根を並べる。大根は多少重なっていても構わない。
④牛肉をめがけて砂糖を振り（1枚に対してひとつまみ程度）、醤油、日本酒の順にかけて焼く。火が通ったら、溶き卵にくぐらせて食べる。
⑤この間に、大根からも水分が出てきて、ちょうどよく煮える。煮汁がまんべんなく絡むように混ぜたら、溶き卵で食べたり、牛肉を包んだりして食べる。
⑥鍋の中にすっかり具がなくなったら、再び牛肉と大根を焼く。

●心がけ

・大根が太くて扱いにくい場合は、縦半分に切ってから、半月形にすりおろす。
・砂糖はてんさい糖、きび砂糖、黒糖など、茶色くてコクのあるものが合う。
・日本酒がない場合は、水でじゅうぶん。

p.144

もやしとベビースターラーメンのレタス包み

●材料
もやし…1袋（200g）
レタス…1玉（小さめ）
鶏挽き肉…200g
ベビースターラーメン（チキン味）…2袋
油…小さじ1
ナンプラー、もしくは、しょっつる…小さじ1
醤油…小さじ1
砂糖…小さじ½
胡椒…少々

●作り方
①レタスは1枚ずつはがして3分ほど水にさらしてから、水気をきる。
②鶏挽き肉にナンプラー、砂糖、醤油、胡椒を加えてよく混ぜる。
③フライパンに油を熱して挽き肉を炒める。完全に火が通ってから、もやしを加える。熱が全体に行き渡ったら、ベビースターラーメンを加えて火を止める。
④レタスでくるんで食べる。

●心がけ
・ベビースターラーメンが湿っぽくならないうちに、出来たらすぐに食べる。

p.149

柚子（ゆず）とバターのスパゲッティ

●材料（2人分）

スパゲッティ…160g
柚子…2個
バター…40g
オリーブオイル…大さじ1
にんにく…1片
塩…好みの量
砂糖…小指の先くらいの量

●作り方

①鍋に湯を沸かし、塩を加えて、スパゲッティを表示時間通り茹ではじめる。
②その間に、柚子の皮をなるべく薄くむく。白いワタの部分は、包丁を寝かせて水平に動かして削ぎ落としてからせん切りにする。
③フライパンにバター、オリーブオイル、にんにくを入れて火にかける。にんにくの香りが漂ってきたら、にんにくは取り出す。
④スパゲッティの茹で汁をお玉に半分程度加えて、かき混ぜて乳化させる。柚子の果汁を搾り入れ、砂糖少々と塩で味をつける。
⑤茹で上がったスパゲッティをフライパンに加え、ソースを吸わせる気持ちでよく混ぜる。味をみて、必要であれば再度塩を足す。
⑥柚子の皮を散らして出来上がり。

P.154

酸菜香菜鍋（サンサイシャンサイ）

［酸菜］

●材料（作りやすい量）

白菜…2㎏（½個）
塩…60g（白菜の重量の3％）
ミネラルウォーター、
もしくは煮沸した水道水…500㎖

●作り方

①白菜を粗めのせん切りにして、清潔な密閉容器に入れる。塩を加えて、手でもみこむようにしてよくなじませる。このとき、本来は捨ててしまうお尻のヘタの部分も、きれいに洗って一緒に漬けておく（硬いので食べはしない）。
②水を注ぎ、ふたをして、一番寒いところに置く。
③1日め、2日めはよく洗った手か箸でかき混ぜる。泡が出て発酵してきたら、かき混ぜずにそのままで。7日め以降が食べ頃。2週間を目安に食べきるようにする。

［酸菜香菜鍋］

●材料（3〜4人前）

酸菜…好みの量
豚薄切り肉…300〜400g
ごま油…大さじ1
塩、胡椒…少々　水…適量

●作り方

①鍋にごま油を熱し、細切りにした豚薄切り肉を炒める。塩と胡椒で薄く味をつける。
②じゅうぶん火が通ったら、酸菜の汁気を絞らずに加える。そのままだとしょっぱいので、水で薄め、好みの塩気にととのえる。
③ふたをして20分煮込む。
④香菜とねりごまのタルタルをお好みで加えて食べる。

●香菜とねりごまのタルタルの作り方

香菜（パクチー）1束を粗みじんに刻んで、ねりごま大さじ1、ナンプラーもしくはしょっつる小さじ1、酢小さじ1とよく混ぜる。

p.159

カリフラワーのリゾット八角の香り

●材料（3〜4人分）
カリフラワー…中くらい1個
米…½カップ
オリーブオイル…大さじ1
八角…2個
塩…ふたつまみ
お湯…600ml
仕上げの粗塩…少々

●作り方
①カリフラワーは指先でポロポロほぐす。大きさはポップコーンくらい。硬い茎の部分からもおいしいだしが出るので、捨てないであとで一緒に鍋に加える。
②お湯を沸かしておく。
③鍋にオリーブオイルと八角を加えて火をつける。温まったら、米を洗わずにそのまま加え、オリーブオイルが全体になじむように炒め合わせる。カリフラワー、塩ふたつまみを加えて、全体が熱くなるまで炒める。
④お湯をいちどに加え、再び沸騰したら、底に米がくっつかないようにいちどだけ混ぜる。この時点で米がくっついていたら、しゃもじやスプーンではがしておくこと。
⑤ふたをして弱火で20分煮たら出来上がり。カリフラワーの硬い茎の部分と八角を取り除いてから盛り付ける。仕上げに、フルール・ド・セルなどの粗塩をお好みで散らす。

p.164

春菊とせりの春巻き

●材料（10本分）

春菊…1束
せり（できれば根がついたもの）…1束
春巻きの皮（15cm四方の小さめのものを使用）…10枚
水溶き薄力粉…少々
油…鍋の深さ1cm分
生姜…少々
練り辛子…好みの量
すだちやレモンなどの柑橘…好みの量
粗塩…好みの量

●作り方

①鍋に湯を沸かし、塩（分量外）をふたつまみ入れる。沸いたら火を止め、春菊とせりを入れ、箸でやさしく混ぜてすぐ引き上げる。
②ざるにあげて自然に冷まし、水気をしっかり絞ってから、食べやすい大きさに切る。
③生姜をせん切りに刻んでおく。
④春巻きの皮をダイヤ形になるように角をてっぺんにして置き、手前に春菊、せり、生姜をのせる。てっぺんには水溶き薄力粉（糊）を塗る。一回転させたら、左右の角を折り、ふたたび回転させて、巻き終わりを留める。
⑤鍋に油を深さ1cmまで加えて火にかける。菜箸をひたしてジリジリ細かい気泡が立ったら、春巻きの留め口を下にして並べる。火を少し強め、途中何度かひっくり返す。
⑥柴犬色になって、菜箸でノックしてコツンと固い手応えがあれば出来上がり。練り辛子と柑橘、粗塩を添える。

●心がけ

・春菊とせりは茹ですぎないこと。お湯にくぐらせて、箸で扱いやすくなるくらいでじゅうぶん。
・具の量はなるべく少なめにする。皮の層が複数でき、サクッとした歯ごたえになる。

p.169

ねぎと山芋のグラタン

●材料（3〜4人分）

ねぎ…2本
山芋…200g
油…小さじ2
にんにく…好みの量
塩、胡椒…少々
生クリーム…150ml
シュレッドチーズ、ブルーチーズ…好みの量

●作り方

①ねぎと山芋は大きさを揃えてひと口大に切る。

②フライパンに油とにんにくを熱し、香りが漂ってきたら、ねぎを立てて並べる。ふたをして弱めの中火で蒸し焼きに。ねぎの繊維から水分がぷくぷく沸くまで3〜5分焼いたら、ひっくり返し、薄く塩胡椒を振る。

③山芋を加えて、全体が熱くなるまで炒めたら、耐熱皿に移す。

④生クリームをかけ、好きなチーズを散らし、230度のオーブンで15〜20分焼く。

●心がけ

・もし鍋肌にねぎや山芋がくっついたら、スプーン1杯の水を加えてこそげ落とし、耐熱皿へ入れてしまう。

・生クリームは直接かける。フライパンを洗うのが楽になる。

・チーズの塩気を考えて、振り塩は控えめに。

おわりに

かけらを編みあげる

土を編む日々というタイトルは、言わずもがな、水上勉の『土を喰う日々』に拠っています。

書くことを仕事にしようと決めた人生のある時期、尊敬する編集者から、

「食について書くなら、『土を喰う日々』と同じ棚に並ぶ本を目指さなければ嘘だ」

こう言われたことがありました。叱咤に近いものだったと思います。

その頃私はすでに、水上氏のその本を、何年も、何度も読んでいました。「わが精進十二ヵ月」という副題がつけられたこの随筆集には、軽井沢の山荘で過ごす日々が一年を通して語られています。九つの頃から禅寺の庫裏（台所がある建物）で暮らした特異な経歴を持つ作者は、湯の沸かし方から米の研ぎ方、お茶の淹れ方まで、毎日「誰もがやること」を通じて、道を身につけてきました。それらはすべて、今のようになんでも揃う時代ではなかったがゆえに、絞り出す（精進する）しかなかったのです。旬を喰うことは、土を喰うことだと作者が感じるにいたった所以です。大胆、かつ繊細。詩的。豊かな野山の幸の描写。無駄がないこと……この本に憧れる要素を数えあげれば、きりがありません。

ならば、「土を編む」とは――。旬の野菜をお題目にして、レシピを横糸に、記憶を縦糸に編み込んで書きたいという、ひとえに私の血気が生んだ表現です。土を喰うほどの圧倒的な自然観は、残念ながら、私には根を下ろしてはいません。しかし、食と暮らしにまつわる糸なら、いくらでも湧き出してきました。故郷のこと、旅、子育て、働くこと……それらの糸をせっせと書き入れ、この本ができました。母に電話をして、ああだったこうだったと回想作業に花が咲いたことも、よい思い出です。

二〇二〇年二月、コロナウイルスの不穏な足音を聞きながら、この連載はスタートしました。写真は、砺波周平さん。こんな眼で景色を見ていたいという理想を体現してくれる写真家と一緒に働けたことが、まず、私の幸運です。集英社の今野加寿子さんには、第一の読者として熱いフィードバックをもらいました。編集者の藤原綾さんは、細かなサポートで本作りを進めてくれました。取材でお会いした奥村忍さん、安藤将信さん、それから、デザインにひと目惚れしてお誘いできた「白い立体」さんに感謝します。何が起ころうとも季節は必ずめぐるという事実に、これほどなぐさめられた一年半はありませんでした。

ウェブ連載と並行して、ツイッターでもレシピを公開してきました。「何度も作っています」「簡単でおいしかったです」など、たくさんのメッセージに励まされました。ありがとうございます。

二〇二一年九月　寿木けい

寿木けい（すずきけい）

富山県生まれ。早稲田大学卒業後、出版社で雑誌の編集者として働きつつ、執筆活動をはじめる。退社後、暮らしや女性の生き方に関する連載を新聞や雑誌に持つ。２０１０年からツイッターで１４０字レシピを発信し、フォロワーは現時点で12万人以上。著書に『いつものごはんは、きほんの10品あればいい』、エッセイ集『閨と厨』、『わたしのごちそう３６５　レシピとよぶほどのものでもない』がある。

Twitter @140words_recipe
https://www.keisuzuki.info

写　真　砺波周平
装　丁　白い立体
編集協力　藤原　綾
取材協力　千住葱商　葱茂
　　　　みんげいおくむら本店

集英社ノンフィクション編集部公式サイト「よみタイ」（２０２０年４月〜２０２１年９月）掲載。

単行本化にあたり、加筆修正しました。

https://yomitai.jp/

土(つち)を編(あ)む日々(ひび)

２０２１年10月10日　第１刷発行

著　者　寿木(すずき)けい

発行者　樋口尚也

発行所　株式会社集英社
〒１０１-８０５０東京都千代田区一ツ橋２−５−10
電話　０３-３２３０-６１４３（編集部）
　　　０３-３２３０-６０８０（読者係）
　　　０３-３２３０-６３９３（販売部・書店専用）

印刷所　凸版印刷株式会社

製本所　加藤製本株式会社

ISBN978-4-08-788062-5　C0077